You are the only answer
to your mysterious life.

以下列出 31 個問題，請花一個月時間，

每天回答一個問題，試著找到屬於你的答案。

你的人生只能是你自己的選擇，是你自己想要的、是你真正渴望的。透過答案的建立，你會更瞭解自己，逐步建立出屬於自己的人生定義：關於你是誰、關於你的金錢觀、關於你的價值觀、關於你和家庭的關係、關於你的快樂是什麼，有關你想要的關係，有關你的一切。

Day 1

“我會用什麼東西形容自己？
為什麼？”

Day 2

“我會用什麼顏色形容自己？
為什麼？”

Day 3

“我會用什麼歌曲形容自己？
為什麼？”

Day 4

”

如果要用三個關鍵字形容自己，
會是什麼？為什麼？

“

Day 5

”如果最好的朋友／我的伴侶要形容我，他會怎麼形容我？那個是我嗎？“

Day 6

“什麼東西會讓我覺得幸福？
為什麼？”

Day 7

“什麼事情會讓我想哭？
為什麼？”

Day 8

“ 什麼事情會讓我憤怒？
為什麼？ ”

Day 9

“什麼事情會讓我覺得痛苦？
為什麼？”

Day 10

“什麼事會讓我覺得委屈？為什麼？
目前生命中經驗最大的委屈是什麼？”

Day 11

“我害怕失去什麼？為什麼？
現在我真的擁有它嗎？”

Day 12

“如果房子失火了，
我只能帶走一樣東西，
那會是什麼？為什麼？”

Day 13

“我現在最想要得到什麼？
得到它就能夠讓我開心嗎？”

Day 14

“如果我有一項超能力，
那會是什麼？為什麼？”

Day 15

“對我來說，什麼是成功？
為什麼？”

Day 16

“對我來說，什麼是失敗？
為什麼？”

Day 17

“ 目前為止的生命經驗，
什麼事情讓我最有成就感？
為什麼？ ”

Day 18

“目前為止的生命經驗，
什麼事情讓我覺得最失敗？
為什麼？”

Day 19

”如果我現在中了一億元樂透，我想要做的前十件事情是什麼？為什麼？“

Day 20

”如果我可以送給我的母親／父親一個禮物，
那是什麼？為什麼？
那是他要的東西嗎？“

Day 21

”如果我可以改變原生家庭的一件事情，那會是什麼？為什麼？“

Day 22

”如果我可以改變自己目前人生的一件事情，那會是什麼？為什麼？“

Day 23

”如果過去一週我可以重新活一次，
我會改變自己什麼？為什麼？“

Day 24

”我喜歡什麼樣的朋友？為什麼？
現在有這樣的朋友嗎？我是這樣的人嗎？“

Day 25

"我不喜歡什麼樣的人?為什麼?
身邊有這樣的人嗎?我是這樣的人嗎?"

Day 26

我期待的感情關係是什麼樣子的？為什麼？現在的對象是這樣的嗎？

Day 27

”我最不喜歡的感情關係是什麼樣子？為什麼？現在的對象是這樣的嗎？“

Day 28

”

我現在能夠想到自己最開心的時間是？

還有沒有更多更多？

“

Day 29

“現在的我，是快樂的嗎？”

Day 30

”如果明天是生命的最後一天，
我能毫無遺憾嗎？
若有遺憾，會是什麼？“

Day 31

”現在要請你為自己寫一篇墓誌銘，你會寫什麼？
你覺得你會在你的葬禮上看到什麼？“

親愛的，別害怕與眾不同

張瑋軒

DARE TO BE DIFFERENT

悅知文化

・熱愛推薦・

認識瑋軒的時候是她剛創業沒多久，
當時從她閃閃發亮的眼神中得知她創立女人迷的職志就是為女性發聲，
推展女性自我成長以及自覺能力。
多年之後，她的志業末變，更多了份使命感，鼓舞更多的弱勢女性族群。
這條路不好走，但瑋軒很執著地往前走。
這本書是她對女性成長的期許，也是對自己的對話。
因為女人迷，我希望年輕台灣女性更自主快樂！

——**丁菱娟**（作家、新創及二代企業導師、資深公關人）

真正的創業是在利他的人生志業上，進行和自己與世界極致的對話。
瑋軒帶著真誠、勇氣與累積，寫給用自己扛著時空矛盾的你我。

——**邱懷萱**（Anchor Taiwan 執行長）

瑋軒告訴我們：自尊、自信、自愛，做好任何一件事情就很足夠，
不用逼自己永遠自立自強。活著難免會受傷，
但不需要急著把自己治好，因為我們並沒有哪裡壞掉。

——**林大涵**（貝殼放大創辦人）

聽慧美麗的瑋軒有著宏遠果敢的志向。
我期許他：「一個刻意、一個不刻意、一個不在意，專注實現自我」。
刻意覺察女性的挑戰、不刻意強調女性身分，更不必在意旁人的譭譽。

——**陳嫦芬**（國立台灣大學管理學院財務金融學系教授）

從感性鼓勵到科技警惕，集結各種角度探究愛與性別、勇氣、溫柔、失敗，
以及如何讓自己與身邊的人都可愛的一本重量級著作；我將十刷，你／妳呢？

——**葛如鈞**（國立台北科技大學互動系專任助理教授）

認識瑋軒多年，這本書讓我跟著她，

看似走進她的內心世界，其實是自己的內在深層世界。

她探索生命的各個角落，從年幼時與原生家庭的緊張關係、

創業期間的名利與孤單、與生命最重要的伴侶的互動及融合等等，

筆調看似輕鬆，卻字字深刻入骨，常讓我停頓思索。

被大家肯定成功的人，面對孤獨幾乎是必經的自我探索與磨練。

瑋軒用「內在霸凌」形容在那孤獨的角落，面對的壓力經常是來自自己。

她的體悟，面對它！征服它！

也許，善待那個蹲在孤獨角落的自己，是人生快樂的起點。

把心安頓了，心不難，事就不難！

我很喜歡書中的一句話，「生命的總合，就是你拿時間做什麼」。

透過自我的內心世界探索，會讓自己更清楚該如何安排時間，

如何譜出自己的生命樂章。這是一本值得在安靜的角落，慢慢細讀的書！

——**蔡玉玲**（台灣女董事協會理事長）

—推薦序—

不需成為更好的自己，而是更好地成為自己！

詹正哲
Google 大中華區
人力資源及高管教練

自從養成上網閱讀的習慣後，我已經好久沒有從頭到尾認真地讀完一本書。那天晚上，瑋軒將書稿傳給我，花了幾個小時，我一口氣就將這本書讀完了。

瑋軒是我在高中辯論社就認識的老朋友，大學畢業後幾年的某天晚上，我們在仁愛圓環的餐廳聚會，她很認真地告訴我們，她即將要辭職創業，我們都很驚訝。幾個人從各種角度分享各自的觀點，有支持，也有挑戰。馬克·吐溫有一句話說：「在你生命中最重要的兩個日子，一個是你出生的日子，一個是你知道你為什麼出生的日子。」

老實說，當時的我不能全然瞭解她想做的事。但是，從她的眼神裡，我知道她決定了，「女人迷」就像是她的人生使命，而這本書就是那天晚上之後所開展的故事。

從事人力資源工作十多年來，輔導過無數個領導者帶領著團隊，達成他們的目標。大多數的領導者期待找到成功的方法，讀者也希望得到他們成功的經驗分享。然而，追求「成功」的道路上，又有多少領導者願意真實地面對自己？時代雜誌的封面故事，或是偉人傳記裡的成功套路，從來都不是我感興趣的話題，因為我知道，一路順風不是人生最真實的樣子。

真實人生裡，有撞牆、有迷惘、有轉換跑道，也有重新開始。我們不缺英雄，我們缺的是那些勇敢追求夢想的傻勁，一路撞牆、迷惘、遍體鱗傷，和大環境一起共同成長。如果成功是結果，成長就是過程帶來的禮物。創業，是一個人面對自己最誠實的方式，這本書真實地紀錄了瑋軒的成長，及女人迷的成長。

我從女人迷瞭解創業，我也從女人迷瞭解多元共融。多元共融是企業創新的基本元素，也是社會進步的關鍵指標。上一個世代的社會追求的是「成為更好的自己」，關注我們的不足，追求單一的成功樣貌，但多元共融教會我們「更好地成為自己」，關注我們自身的價值，慶祝多元的可能性。

女人迷創業的這幾年，正好面對著台灣社會在多元共融方面的成長和陣痛，我們看到了多元：性別、性傾向、宗教信仰，政治傾向等。我們正在學習共融，書裡提到即興劇裡的「Yes, and.」正是多元共融的精神。「Yes」是肯定多元，「And」是連接自己。謝謝女人迷讓我們看到所有的「Yes」，包含對各種可能性的「Yes」，對各個族群的「Yes」，對過去及未來自己的「Yes」，對恐懼及不完美自己的「Yes」。希望這本書能讓你看到更多「Yes」，找到屬於你自己的「And」。

每個人做一件事情的模式，是她成就一件事情的樣貌，也是她生命的縮影。作為瑋軒的好朋友和教練，我很開心看到她的這本書，有熱情的分享，也有真誠的反思，就像一個親切的朋友，在耳邊與你分享她對生活、對工作的故事。故事還在繼續，就像每個人對自己生命的探索一樣，在這本書裡你會聽見她對你說——你不需要成為更好的自己，而是更好地成為自己。

CONTENTS

1

你知道嗎？你比你自己以爲的更加重要！

2

勇敢不是不害怕，而是能從恐懼裡活出渴望

CONTENTS

3 你爲了什麼戰鬥？堅持很重要，限制是禮物

4 現在的你，過著理想又可愛的生活嗎？

CONTENTS

6 今天，你想怎麼過？

7

你的選擇決定了你是誰

1

你知道嗎？你比你自己以為的更加重要！

堅強成爲你唯一的選擇，
你才知道自己可以有多堅強。

——巴布·馬利

「世界上最有力量的字是什麼？」這一個問題在Google上被搜尋了超過十億次！

有人說這個字是「如果」（If），因為「如果」一字為人們帶來無窮的可能和想像；有人說是「錢」（Money），因為所有的事情都需要金錢才能成就；也有人說是「愛」（Love），沒有了愛，世上一切都令人空虛；也有人說是「希望」（Hope），唯有希望能在黑暗之中為我們帶來明光；還有許多答案，如「熱情」（Passion）、「我們」（We）、「原諒」（Forgive）、「微笑」（Smile）、「家庭」（Family）、「死亡」（Death）、「一期一會」（いちごいちえ），以及「侘寂」（侘び寂び／Wabi-Sabi）[1]等等。

這些字當然都相當重要，但我覺得這個問題的唯一答案，是我們「自己的名字」。對我而言，這個答案就是「張瑋軒」。對你而言，世界上最有力量的字也就是你的名字！

你為自己的名字感到驕傲嗎？你曾大聲且自信地說出自己的名字嗎？聽起很簡單？不，我必須告訴你，這真的超級難，難到超乎你的想像。

在「女人迷」內部團隊的教育課程，我喜歡加入戲劇表演類的工作坊練習。有一年，我請老師為團隊夥伴進行聲音訓練。課程一開始，他帶了一個活動：請每個人輪流上台靜靜站幾分鐘後，在大家面前說出自己的名字。如果你身邊有一群人，鼓勵你現在就站在他們的面前，直接試試看說出你的名字。

起初，他向我們說明活動規則時，大家都覺得不難，馬上就有人躍躍欲試。沒想到，當同事一上台光是站在那裡，就多次笑場，遲遲無法說出自己的名字。後來，每個人輪流上台，無論原先是窘迫侷促、或是自然泰若，一旦到了講出名字的那個時刻，鎮定的人開始笑場，原本緊張的人則是聲音越來越小，而焦慮的人甚至連一個字都說不出口（對，我就是那個說不出自己名字的其中一個）。

我觀察每位同事的反應，有些人講起自己名字時感覺很陌生，有些人好像忽然覺得自己的名字很好笑，也有些人則是唸出自己的名字就感覺彆扭，幾乎每個人一上台就會說自己的名字不好聽、不好唸、很奇怪等等。總而言之，似乎沒有人為自己的名字感到驕傲。

那一天我才知道，原來很少人對自己的名字，對自己的存在，感到驕傲。很多人都和自己的名字「失去關聯」（lost connection）。這樣的「失去」（lost）

1 「侘寂」是以短暫和不完美為主要核心的日式美學，表達人生蘊含無常與無奈，仍可在簡單生活中享受悠然禪意。

或欠缺（lack），不僅是指名字之於自己的關係，更多是對於自己的「失聯」（disconnect）。

身處這個世代，我們實在花太多的時間向外連結。忙於工作、忙於讀書、忙於消化各種意見及各種即時新聞；忙著在各個社群渠道裡虛構自己的世界，追蹤別人的一切，卻花太少時間瞭解、探索及建設真正的自己。

那天的團隊訓練，老師給大家一個練習指令：上台前，不要急，先想著讓自己「抵達」（arrive）。他請大家站上舞台，先環顧全場，再聆聽自己的心跳和呼吸節奏，不急著說話、不急著表現，也不必緊張，就讓自己身處環境之中，看看自己在環境中的「存在」（presence），再慢慢說出自己的名字。

這個「抵達」的指令宛如魔法一般。第二次的上台機會，我看見每個人從原先的緊張、搞笑、不安的情緒，接著抵達自我的召喚，於是每個名字都在舞台上迴響著，我知道每個人都有能力在眾人面前發光。

在工作坊的練習上是這樣，而我們生命的舞台不也是如此嗎？我們抵達在自己的生命舞台上，為自己說話。

因為親愛的，你很重要

我總是鼓勵團隊夥伴勇敢地把握機會、站上舞台，說出自己的故事。當我培養團隊進行公共演說與分享時，總是反覆強調，公開演說只有一個祕訣：

> "用自己的聲音，說自己相信的事情。"

很神奇的是，任何人聽到這個建議，其演講內容及方式就會有劇烈改變，也因此，當你找到你的聲音時，你絕對會有感覺！

你知道要如何找到自己的聲音嗎？那就是說你自己相信的事情，意思就是「說出你自己的故事」！

當團隊夥伴表示「我沒有什麼故事，無法代表公司」時，我總會鄭重地對他說，你的故事很重要，非常重要。當你選擇加入這間公司，便代表這就是你的經驗、你的選擇。

無論你的原生家庭是什麼樣子、經歷過什麼、犯過多少錯誤、失敗多少次、曾遇見誰、又被傷過了多少次心、有多成功或渺小、多勇敢或多脆弱，多好運或多不幸，甚至覺得自己是什麼樣子，相信我，你的故事很重要！

這個時代，快到讓人難以喘息、容易著急，擔憂自己怎麼停留在原地。人生的確短暫，但最重要的是想著自己想創造的影響，並且召喚自己鳴聲前行。我們每個人的存在，都是僅有一次的千載難逢。每個人在自己的人生舞台上，都最值得，也都最重要。

> 在浩瀚的生命舞台，要留下你的印記，不必著急，最重要的是「先抵達」。

好好瞭解自己，明白自己的畏懼與渴望，然後為自己勇敢，這世界就會有屬於你的印記。請好好地喜歡你自己、好好對自己說話、好好發現自己，並切確地聆聽自己的內在聲音。

你的名字簡單卻又偉大，你值得被自己好好地喜歡著，因為你是你生命中所有事情的起點，你是你生命舞台上的唯一主角！

因為，親愛的，你很重要。

從下意識到有意識地成為自己

當接收到「說出自己的故事」這個指令時，有些人會抗拒地說「我沒有什麼故事」、「我沒有什麼能說的」，也有一些人會迫不及待地急於表達與展現自我。我給自己、也給團隊的日常提醒是「做好自己」，需要具備深度「自我覺察」的能力。

對我來說，「自我覺察」最簡單的方式就是找到自己的「起點」，找到心猿意馬的「無有之處」。什麼時候「有」了快樂，什麼時候「有」了哀傷，什麼時候「有」了憤怒，那個「有」的發生是最容易讓人開始認識自己的起點。

老子說：「天下萬物生於有，有生於無。」那個「有」指的是出現了一種行為、表象，或是思緒。對於自己這些的無有之處，若能保持敏感與好奇，學會究竟自己的心境歷程，客觀察知是「什麼」讓你突然「有」了何種情緒、產生某種行為，或有了新的思考衝擊，就能夠開始學會覺察自己對哪些事物及狀態的反應。越能自然地與自己每刻的起心動念相處，就越能捕捉內在一層又一層的心緒脈動，也越能提高自我覺察的深度。

深度自我覺察，是真正的認識自己，是去理解自己各種行為的深層冰山底下是什麼，練習在每一個當下，客觀地凝視自己。

在每個當下，客觀地凝視自己。將自己的主觀意識放到相對客觀的視角中，看看「現在的自己」經歷了什麼，又感受到什麼。當下的自己如果感到憤怒，也不要立刻壓抑情緒，而是直視那時的憤怒是什麼本質；如果此刻感到哀傷，也先不要逼迫自己正面思考，而是觀察那個哀傷是什麼。深度地自我覺察，是透過凝視自己，不帶批判地將自己放在客觀的位置上觀察。換句話說，自我覺察的體現，就是讓我們正視「下意識」的感受，讓自己開始「有意識」地理解自己當下的反應。

以前的我被讚美時，便會立即否認，拼命地連說好幾個「沒有」，甚至讓稱讚我的對象都感到尷尬。當我開始練習自我覺察時，我就將「下意識連忙否認」的時刻「定格」，放大再放大、凝視再凝視。這才發現，當我否認別人的稱讚，不是因為害羞或謙虛，而是我突然產生的恐懼，擔心自己並沒有對方說得那麼好，我的否認來自於自卑。

我否認的，並非是對方的認知，而是自己。才發現，原來我對自己沒有信心。當我發現原來我是會否定自我的人時，連自己都嚇了一跳，因為從小到大，「自信」是所有人給我的評價。但是，當我第一次正視自己欠缺信心時，才有機會看見那個心力孱弱的自己，為自己對症下藥，訂立幫助自己成長的行動方案。這樣的自我覺察也深刻地影響了我踏上創業之路的決定——我希望能幫助更多人擁有對自己的信念，我希望能幫助人們不再自我否定、讓更多人有能力「發現自己」進而「好好地成為自己」。

這一切改變的發生，都是因為我開始「有意識」地積極探索自己的各種「下意識」。

當我不斷地練習自我覺察，在那些無有之際間放大、定格，及向內凝視，我知道「瞭解自己」對於一個人的影響有多深切。在認識自己的人生之途上，我發現越瞭解自己，越能對自己有所掌握。

這一路，我看見自己的創傷，所以我能療癒自己；我看見自己的勇敢，所以我學會憐惜自己；我看見自己的脆弱，所以我學會支持自己；我看見自己的努力，所以我學會原諒自己。因為對自己有越深刻的認識，讓我的每一天都比昨天更接近自己的理想樣貌。

面對霸凌：選擇善良，格格不入又怎樣？

「格格不入」，是我人生之中最常經驗的感受。從小到大我常常感覺自己是個異類。

當我看見課本上形容的「幸福家庭」與我自己經驗的不一樣，當我知道我的性別成為家人的遺憾，當我發現我感知世界的方式與他人都不同的時候，當我發現自己怎麼這麼奇怪……當我發現我與大家都不太一樣時，我感覺到的是孤獨、是焦慮，甚至是排擠。我感覺到的是無法呼吸，喘不過去，想要躲起來，想要不被看見；我想要嘶吼大喊，卻不敢讓任何人聽見；我想要哭，可是我不敢；我想要逃走，可是我卻無路可去無處可退。我知道自己心裡有個洞，但是我對那個荒蕪絕望的深淵愛莫能助。

如果你也有經驗，你就知道，只要和「大家」不一樣，最直接的結果，就是被隔離、被排擠，甚至被霸凌。我第一次被霸凌，是在國小三年級時。

當時，我坐在全班最受歡迎的女生旁，漂亮、功課又名列前茅的他，擁有許多才華，書法、作文、畫畫沒有一樣難得倒他。因為座位鄰近所以經常玩在一起，每天上學都讓我感到開心。直到某天，他問我要不要一起作弊、對彼此的答案，我拒絕了。

沒想到，隔天幾乎班上所有女生都不和我說話了，包括我當時自認最要好的朋友。我絕望地以「為什麼要這樣對我」來詢問對方時，竟得到如此答覆：「因為他比較漂亮、比較受歡迎。如果我和你說話，他就不會和我當好朋友了。」

類似的情節，大家應該都不陌生，不論是在學校、職場、網路上的社群平台，你可能也曾面對莫名襲來的主動攻擊。無論事實真相為何，世上的霸凌難以止息。在心理學中，這就有如「黑羊效應」描述的社會現象：有些人會選擇成為攻擊者（持刀的屠夫），只要參與攻擊，自己就是「看起來較為有力、也有利的那群人」；有些人會選擇袖手旁觀，當漠不關心的旁觀者（冷漠的白羊），以免自己也成為被排擠或欺凌的對象（無助的黑羊）。

八歲的我，第一次感受到「格格不入」所帶來的懲罰。每天上學都讓我害怕又憤怒，難過又絕望。我不知道自己究竟犯了什麼錯（只是不想要作弊而已），我懷疑自己的一切（難道是因為我不漂亮、沒有才華，其他同學才會這麼對我嗎），我所相信的價值觀逐漸動搖（為什麼不想作弊會得到這般對待，選擇正義善良，不對嗎）。

「只要幫我作弊，我就讓大家再和你說話。」當那位同學高高在上地給我「第二次機會」時，這個要求讓八歲的我異常痛苦，卻又同時更瞭解自己：我是誰、我是什麼、我想要什麼。就算全班同學都不理我，我還是無法接受自己一起作弊。這並非是自命清高，而是作弊這件事根本不是我做得來的。我可以接受考不好，但我不能接受自己造假、欺騙。

這樣的霸凌一直持續到國小四年級上學期，我甚至不敢和家人說，每天都度日如年。我非常感謝當時的班導謝淑敏老師。有一次，同學們圍成一圈罵我、將我逼到牆角，甚至有人丟東西在我身上時，他制止了這件事。之後，他在全班面前拿出我的聯絡簿，和大家分享我每天在聯絡簿上寫的反省日記。老師說他很驚訝，因為我是全班唯一不在日記上寫「別人怎麼對我」這般抱怨的人，而是天天反省「我還能怎麼做」，我的每一天都在想著怎麼讓別人過得更好。

老師談及我在聯絡簿寫下的字句後，因為可能被老師認證為「好學生」，於是逐漸有同學願意與我對話了。還有兩、三位的同學，雖然不敢在學校和我說話，但總會等到放學後和我一塊走路回家，或偷偷塞紙條給我，那都為我帶來些許生存的勇氣。

如今寫下這故事時，我仍是淚流滿面，因為我仍看得見那個八歲的自己，只懷抱著孤單及恐懼。甚至我看得到教室中害怕下課的自己，因為下課時沒有人敢和我說話，所以總是在下課鈴聲一響便衝出教室，以免被人發現我的格格不入。

今天，我選擇說出這段故事，希望能讓你知道，無論你在何處、現在幾歲、基於哪些原因受到莫名其妙的對待；無論你與你身邊的人有多麼不同、感覺到何種格格不入的切膚之痛，親愛的，我希望那個八歲的小女孩可以拉拉你的手，對你說：「沒關係，不要怕，我們可以的。」

無論這世界多麼令人灰心、無論我們對自己曾有過多少懷疑，親愛的，請你記得，這是我們自己的人生，這是我們自己的選擇。我們可以為自己勇敢，堅持善良，堅持正直，堅持你所相信的一切。無論世界有多黑暗，都不要害怕成為那道光。

有一天，當你成為那道光，你的傷口會是你的勇敢，你的痛苦會是你的故事，你的陰暗會是你的寶物，那些曾將自己視為異類的孩子，也可能因你而感受到希望。

你，就在創自己的生命之業

在我的生命中，「創業家」是重要的標籤之一。

我的導師丁菱娟曾對我說：「創業，是認識自己最為誠實的方式。」這句話陪我走過創業之路的每一天和每一個選擇。因為創業，我的確經歷過異常深刻的選擇，痛苦非常、也興奮非常，當然還有許多難以描述的各種得到與失去。所謂「創業」，更像是我的修行之路，最大的體悟就是「臣服」與「超越」：臣服於各種機會與挑戰，超越自身的恐懼，也超越我給自己的限制。

當然，不是每個人都正好經歷創業或曾有過創業的經驗，我甚至不鼓勵大家貿然地創業。然而，換個角度想：誰說只有「創業者」才是在創業？我們每個人不都正在創建「自己」這項人生大業嗎？

"你的人生就是你自己最偉大的事業體！
你就是自己唯一的老闆，
我們每一個人，都在創自己生命的業！"

你如何形塑自己的生命經驗，你就如何積累並創造屬於自己的人生大業。

在東方文化的脈絡中，「業」這個字很玄妙，除了事業的「業」，也可以是業報的「業」（Karma）。「事業」的業，能解釋為「成就」、「功績」，而我們所有的成就，也就是我們所有行為（身行、口行、意行）所造成的。

創業，也就是創「業」，我們每一個人、每一天都在創自己的「業」。

因此，當你以「為自己的生命擔任最高負責人」的心態過日子，許多事情就會變得不同，因為你將更明白你必須為自己做選擇。活著的每一天，我們都能透過選擇，選擇自己要怎麼做一件事，選擇自己如何說一句話，選擇自己要成為怎樣的人。

我的母親常給予我充滿智慧的建議。有一次遇到工作瓶頸時，他對我說：「不管遇到什麼困境，工作就是讓你學做事、學做人。」我也曾埋怨過想當個好老闆實在太難了，母親又說：「所以創業是學習的好機會，因為你無從逃避，必須正面迎戰。就算戰到最後一兵一卒，你都要面對。」

當你以只能向前迎戰的態度面對自己的人生大業時，親愛的，你將會發現——哇！生命竟然如此跌宕起伏、如此豐富奧妙、如此扣人心弦！

無論曾擁有哪些經歷，是豐功偉業，或失敗挫折，其實也不過是讓我們學會怎麼做事、學會怎麼做人。在成長的過程中，你要反覆練習的課題，就是如何面對自身的挫折、怯弱、野心及嫉妒；應對外部的社會環境時，則是面對問題、處理挑戰、把握機會。

當你願意為自己的生命負責，你就是自己人生大戲的唯一主角，你希望完成什麼樣的事，希望成為怎麼樣的人。

你越是認識自己，就越重視自己；你越能勇敢，就越能毫無所畏；你越能敢於格格不入、與眾不同，你的選擇越會讓你成為「你自己」。

女孩們，要做自己為何這麼難？

來，先閉上眼睛想想「女性主管」的樣子，十秒鐘後，睜開眼寫下你所想到的各種形容。

我請許多人進行這項實驗，無論性別，往往人們寫下的第一個形容詞，不是「情緒化」就是「單身」，甚至將兩個直覺合併，成了「未婚的女性主管就是很情緒化」、「這些未婚女子因為自己的不幸福，就看不慣別人日子過得好」。種種人們的「聯想與直覺」都暗示著社會的刻板印象，認為女性主管通常單身，而單身女性的人生一定充滿缺憾，才會這麼情緒化地把那些自己的負面情緒轉嫁到工作上。

工作的經歷讓我有機會見過認識許多卓越的女性創業家、全球百大企業的女性高階主管及CEO們。他們或許霸氣、或許溫柔、或許氣派、或許質樸，但從未有人讓我能貼上「情緒化」的標籤，甚至驚人地發現，很少有人是真正的單身狀態。反之，我卻曾聽聞、甚至親眼目睹，有許多男性創業者、男性主管在開會時喜歡摔東西、罵髒話、拍桌大小聲。然而，男性的這些行為卻鮮少出現「情緒化」的歸類，反而被視為「有話直言」，甚至「這才是真男人」的理所當然。

這是如此有趣的對比：女性主管表達不滿就是「情緒化」；而男性主管表達不滿就是「直接」、「爽朗」。

明明是同一種行為（behavior），卻因為「性別」而有了不同的解讀。社會時常不以「個人控制情緒的能力」作為量表，卻以「性別」作為刻板印象，甚至作為女性職場發展的限制因素。而這般的偏頗解讀，並非全來自男性，透過大眾娛樂、文本傳遞與社會暗示，幾乎「所有人」都如此解讀，包括許多女性也對此深信不移。

正因為有許多女性害怕被貼上「情緒化」的標籤，於是刻意地裝扮為男性化／理性的樣子，覺得這樣才是「專業」。但這個「刻意專業化」的過程，其實是再次強化性別角色的框架。

我認識非常多優秀卓越的女性領導者，卻也詫異地發現，多數女性領導者傾向對自身性別避而不談，擔心若強調了「女性」經驗，反而會模糊自己的努力、專業能力與「真正的表現」。

你看到其中困難又矛盾的地方了嗎？大家擔心當我們提到「女性身分」，反而會看不到自己的「真正表現」。而這正是為什麼一個女性要做自己竟如此困難之處。因為他必須先得到別人的「認同」，才能夠為自己謀得一席之地；而當他好不容易能成為決策桌上的一員時，又害怕讓別人發現他的「不同」，而被貼上「弱勢」性別的標籤。

我們都清楚明白，真正能造就成功的契機，絕對是因為成功者的個人能力，而非性別。然而，若連成功女性都不願意正面承認自己的性別經驗，而選擇讓自己的工作歷程「中性化」，往往會加大女性職場發展的陷阱，並讓「確實存在」的「玻璃天花板」變得模糊，甚至隱形不見。因為有這些成功又亮眼的女性代表，所以若有女性不成功，那原因就會被人們過度簡化地歸咎為「不夠努力」。

當然，我們能將失敗原因歸咎於「個人努力不足」，而勤奮致力也確實是成功要素；但是，我們是否能讓不同性別、種族、年紀的人，在邁進成功的路上，擁有更多元友善的環境呢？女孩不需要在狂雨中奔向另一棟建築的洗手間，不需要忍受職場上有意無意的性騷擾甚至被性騷擾後還覺得可能是自己的錯；男孩不必強迫自己學會抽菸、喝酒，說黃色笑話，才能混進所謂的「那個圈圈」；而各種性別、氣質的孩子都不必假裝，能無畏地成為自己，每個人都能為自身的未來努力，為各種可能打造每一個現在。

只要有越來越多的人勇敢坦率地說出自己的故事及經驗，我們便能將各種格格不入的恐懼轉化成正向的能量，幫助與眾不同的每個人。

為自己找到那些有為者亦若是

創業的第二年，女人迷入選亞杰商會（AAMA）搖籃計畫。AAMA幫助過無數創業者，我也深受庇蔭，透過這個計畫，我認識無數恩師與貴人，其中一位是陳嫦芬老師。他曾縱橫亞太區投資銀行業擔任數家國際金融機構高階主管，更是台灣金控界首位女性CEO。同時，他也曾獲聘出任公職，為數任行政院長政務顧問。近年，他投身於職場素養教育與創業家教練服務，將他的珍貴經驗與心得分享給年輕世代。

許多功成名就的女性，鮮少願意說出身為女性的經驗和故事。然而，陳嫦芬老師從不諱言於此。他讓我看見「女性」如何面對職場的挑戰，如何善用智慧與聰明，如何在專業之餘保持著自己作為女人的風格與態度。當時，一聽完老師的演講，我就在自己的筆記本上寫下「有為者亦若是」六個字，反覆提醒自己身為女人也能活著如此氣派。我可以不用刻意中性，我可以保持我的個性，且仍能在事業上爭取我所值得的。

遇見嫦芬老師之前，在所謂的網路創業圈中，我總是那個格格不入的「異類」。我確實是當時少數的女性，連講話的方式、做事情的方式都跟其他人很不一樣，也因為這樣的不同，好像做什麼都會讓自己成為被攻擊的目標、做什麼都動輒得咎。於是我剪去一頭長髮，想淡化女性化的外表，甚至很長一段時間不修邊幅。然而，當我看見嫦芬老師的優雅與談吐時，他讓我看見了我對自己的渴望。

擁有智慧、美麗、自律，及氣派，在他的領域，他就是第一人，追求絕對的卓越、並致力於成就他人。在嫦芬老師身上我看見自己渴望成為的樣子，他也清楚教會我，女人們並不需要「男性化」或「弱化自己的女性化」才能讓自己實現夢想與成功。他驗證了一件事：我們都有能力保有自己的個性、保有女性化的特質，也能同時於事業上有所建樹。

自從聽過嫦芬老師的演講後，我更加明白自己想成為的樣子，就算偶然感到迷惘，他都是我前方的光。後來，我每年之初都會寫一封長信給他，收納一年之所學、一年之困惑，叩問並請求他的建議。嫦芬老師常點評我的「心力」不夠，容易受到他人的評價限制。的確，我常感到心力不足，然而，當我低潮、當我有時忘記自己值得勇敢時，我就會想起他，想起我的「有為者亦若是」。

為自己找到那些「有為者亦若是」，可以在你絕望的時候，看到遠處的希望，可以讓你知道你並不孤單，有人曾經這樣走過，而你也可以。

想要最好的，就讓自己值得

除了自己放在心裡想著的那些「有為者亦若是」的角色楷模，你也必須為自己努力，主動地為自己找到生命導師。

所謂的「導師」（mentor），不是泛指教育體系裡的「老師」（teacher），也不是那些會用自己價值觀加諸在你身上作為標準，要你跟他一模一樣的人。導師，是那些能夠帶給你啟發（inspiration），能帶給你生命洞見（insight），能給你心靈覺知（awareness）與深刻思考（deep thinking）的人，能助你覺察到自身的細微轉變、助你發掘你未知之事的人。導師能夠幫助你認識自己，並開啟你最多的好奇與熱情。如果你能給自己客觀的自我評價，為自己指點正確的前進方向、提供有建設性的目標，你也能是自己最重要的導師。不過在那之前，請主動且勇敢地尋找你的導師吧。

我們人生的每個階段，都需要不同的導師。尋找生命導師的過程，最重要的一件事是「讓自己準備好」，因為沒有人「應該」成為你的導師。很多人窮盡一生，不斷責怪這個世界沒有眼光、怨嘆自己沒有遇到伯樂的運氣。然而，我們必須先問自己一個問題：這樣的「我」，是否真的值得？

每個人都希望遇見世上最好的老師，你是否認為這個「最好的老師」，最好是為人可親、談吐幽默、可以直白卻又不傷他人自尊、能轉介所有人脈機會、又能幫你預測未來前景好壞、可以啟發並提供你人生解答？在諸多要求及期待的前提，若導師「不合心意」，那是否還有資格當你的導師？「導師」應該是圓融無誤、臻至完美的嗎？不！沒有人是完美的。我們應該要問自己：「我應該要做到什麼，才有資格做這位導師的學生？」

讓自己發光，才有機會被看見！

想要找伯樂？想要被賞識？想要有更多機會嗎？首先，請先問自己應該要做到什麼，才能讓自己成為一位值得他人信任、投入時間的人吧！

幾年前，Uber當時的全球安全隱私與保安政策總監總監Dorothy來拜訪女人迷。他當時還不到三十歲，我們一見如故，從矽谷與台灣的差異，談到亞洲與美國文化的衝擊，也聊了女性職場發展的重重限制與機會。

談及職涯，他一開始在Google作實習生，沒過多久就轉為正職，還參與過美國總統候選人歐巴馬的網路宣傳活動。之後又任職於Dropbox及Uber等獨角獸公司。即使他訪台行程緊湊，一踏進女人迷的辦公室，仍絲毫不見時差疲態，只有滿滿的笑容和自信風采。

言談之間，Dorothy頻繁提及他的老闆，自然地流露出許多感謝，說他的老闆就是他的導師。我問他，是什麼原因，能讓他有機會遇到他的人生導師？Dorothy微微一愣，接著笑著說：「這是一個很好的問題。」他說，多數人們都是忙著羨慕他所擁有的機會，或看見他目前的成果，卻鮮少有人們對他事業成功的「原因」追根究底。Dorothy思考了一下，然後很肯定地說：「我想我讓自己被看見了。」（I think I demonstrate myself.）

「demonstrate」的英文字義是指「很實際地展示、很清楚地說明」。單憑這句話，就讓我看見他的慧黠與聰明，Dorothy不僅清楚他所正在做的志業，也能精準表達自己所說出的每句話。

Dorothy提及他當實習生的經驗。當時，他總是讓自己的工作進度提前兩週，早早就完成手邊工作。除了份內職責，他更自願性地發起一個網路透明度專案。尚在未完成的統籌階段，老闆便宣布將推出他所執行的專案，並成為Google的服務之一。

覺得懷才不遇，但你曾提前兩週完成工作嗎？覺得不受老闆賞識，但你曾經不計工時，就為了完成工作任務之外的專案嗎？覺得自己都遇不到好導師，或許第一件事是你要先自省，怎麼收穫先問怎麼栽。

越是努力，就會越幸運。Dorothy說，很多人都覺得他不過是幸運，他笑笑說「我的確很幸運」，「但幸運的前提是，做好絕對的準備。尤其，如果你是一位女孩，升遷機會往往比男孩少，所以更要積極把握各種機會，一路上累積自己的能力，不要害怕讓自己被看見。」

”如果你的才華撐不起你的野心，
如果你的現狀滿足不了你的渴望，
那就先努力、先累積。“

當你準備好了，你將發現你遇到的人、所做的事情都會開始不同！

你敢不敢，為自己勇敢舉手？

第一次參與TED Talk時，才剛站上台，我就聽見耳機裡工作人員反映硬體有問題，而我當下必須硬著頭皮在台上撐五分鐘，才能進一步分享簡報內容。當時在舞台上的我，硬著頭皮請大家進行一個舉手的覺察練習，讓觀眾們感受身體與心態的關聯。

沒想到，這個練習進行到一半時，就有了驚人的發現。在場大多數舉手的男性都挺直著手臂，眼神看起來泰若自然；但大部分的女性，則是駝背蜷曲地縮在位置上，扭扭捏捏地舉起一半的手，不敢和我有任何眼神的交會。當台上的我注意到這件事時，立刻引導大家練習挺起胸膛、將手舉直，我發現當這些退縮猶豫的女孩們將手舉直時，他眼裡的風采、身體的姿態也立刻有了積極的改變。

後來在各種場合及活動，我不時鼓勵大家勇敢地為自己舉手。為自己舉手，除了能增加自信，也會讓你不畏懼他人目光，讓你吸引本該屬於你的關注。這項舉手練習，現在也已成為女人迷活動中的重要傳統。為自己舉手，不要害怕被看見，要確定自己是非常重要的存在！

”為自己準備好，就能隨時改變自己的命運。“

女人迷創業的第一年，我聽了一場與媒體經營的演講，現場不僅有五百多位的重量級觀眾，還有網路直播。那場活動進行現場問答時，我立即決定給自己一項任務：我必須透過這個發言機會，讓更多人認識女人迷（回想當時的我們，什麼都沒有，不認識任何人、沒有任何媒體背景，而我們竟異想天開地想顛覆這個市場）。

直到現在，那次的經驗仍讓我記憶猶新，因為我從未想過這會令我如此害怕。當下我理解到，「我想舉手」和「我真的舉起手」是完全不同的兩件事。在這麼大的場合之中，心跳超快的我好不容易鼓起勇氣舉手，感覺到發抖的手如此沉重、全身都在冒汗。一舉起手來，我便立刻有了放下的念頭，但同時又擔心主持人看不到我。手越來越沉重、心跳越來越快，我感覺到自己的困窘，卻也同時鼓勵著自己將手伸得更挺直。心情矛盾不已，充滿掙扎、緊張、期待，及恐懼。

心誠則靈！主持人當天的確點中我，發問時我也大聲說出「女人迷」及我們想做的事情。藉此，許多現場及收看網路直播的觀眾，因為我的舉手提問、說明目標，也首次聽見當時沒沒無名的「女人迷」。

當天，坐在我旁邊的是創業圈大佬林之晨（Jamie Lin），他主動且友善地表示，要幫我介紹一位大人物——當時台灣康泰納仕集團的總經理Sophia。

現場想要認識Sophia並進一步換名片的人們排起了隊伍。幾個月後，在一次文化大學舉辦的媒體進修課上，我又遇見當天的講師Sophia。於是我鼓起勇氣，再度向他自我介紹，也再次遞上名片。他看看我、又低頭看看名片，瞇了一下眼睛，突然抬起頭爽朗地說：「欸，我記得你，下個星期來約見面吧。」那個當下，我的心跳加速有如中了樂透一樣，久久說不出話來。

一週後，就像是電影情節，我們在時尚的W Hotel一起吃早餐。他問我是否願意加入康泰納仕，那是許多人求之不得的工作。雖然我最終選擇走上自己的創業之路，但生命中從此多了一位重要的導師。

Sophia曾給我許多最慷慨的機會、曾給我最嚴厲的指導，也教會我太多太多。無論在任何時刻，我對他永遠感謝。沒有他，不會有現在的我；沒有他，我相信也不會有現在的吾思傳媒與女人迷。

親愛的，我真的明白「舉手」這件事並不容易。

我想用我的故事告訴你：每一天，你要為自己勇敢。因為在往後的每一天，我都感謝那一天的自己，克服恐懼、放下各種自我聲音，果決且勇敢地舉起了手。因為舉手的那天，真切地改變了我及我的創業軌跡。

所有的一切，都始於那天我為自己勇敢舉手。為自己勇敢，你將能創造自己前所未有的想像。

2

勇敢不是不害怕，而是能從恐懼裡活出渴望

每當你感到痛苦之際，要這麼想：
痛苦並不可恥，
它既不會減損我們的智慧與理性，
也不會減少我們對公共利益的關注。
大多數感到痛苦時，
伊比鳩魯的話能給你一點安慰：
痛苦並非無以忍受，痛苦也不會永遠持續。
你要記得，痛苦有其限度，不要在想像中將其擴大。

——馬可．奧理略《沉思錄：我與自己的對話》

「我真的可以嗎？」、「怎麼可能？」、「我一定做不到」、「我等一下會很糗吧」、「別人會怎麼看我？」、「搞砸了怎麼辦？」、「天啊，我真的不行！」、「他會不會很討厭我？」、「他一定覺得我很怎麼樣……」、「我真的太蠢了！」

你一定聽過這些負面聲音，它在腦中毫不客氣地發聲，像是種自我詛咒。討論「自我覺察」時，曾有人和我說過：「當我要練習自我覺察時，我只聽見自我否定的聲音。」當我追問是否還有其他的聲音時，對方有點難為情地說出第二個答案。「我的腦袋裡如果不是出現否定自己的聲音，就是怒罵、嘲笑、討厭別人的聲音。」

「他是笨蛋嗎？」、「天啊，連這種事情都做不好嗎？」、「我真的快受不了他了。」、「他怎麼會這樣？」、「他現在是怎樣？」、「我好像沒有很喜歡這樣……」、「我自己做比較快」、「都是因為他……才會這樣……」

以上這些話，你應該也不陌生吧？

我們腦袋裡的「那個聲音」，不是忙著責怪自己，就是忙著埋怨他人。如果你聽不到那個聲音，相信我，它一定是偽裝成「你自己的想法」了，它有時候會裝作像是「你自己的」聲音一樣。

那個聲音最頻繁出現的形式是「自我否定」與「自我防衛」。前者常常告訴我們「我不行」，那往往是偽裝式的自我保護，是一種防禦機制，先告訴自己做不到，所以真的做不到時就能推託為「反正我早就知道我不行」的自我保護，讓自己好過一點。而後者，則會蒙蔽住我們的耳朵與眼睛，將所有問題歸咎於別人，幾乎洗腦式地說服自己，甚至試圖說服其他人「我真的做得很好，我其實超棒的，都是因為別人或其他不可控因素才會失敗」。

先告訴自己「我不行」，是不讓自己失望、焦慮的方法。這種防禦機制大多無法降低失望和焦慮，相反地更容易形成惡性循環。當你覺得必定失敗，就更害怕嘗試。心中積累更多恐懼，更難以勇敢尋求機會及挑戰。如此反覆的過程，容易讓人從「自我否定」惡化成「自我厭惡」。

總覺得「自己超棒」的人，保護自己的方法通常是為自己築起高牆，高到足以聽不見建議與回饋。這種人一開始會過得比較開心，因為他真心相信自己很棒，甚至讓他身邊人們也如此認為。但是，時間一久，高牆終有潰堤的一天，因為他無法誠實地認識自己、坦然接受不夠好的自己，如此一來便無法真正地進步並挑戰更困難的事情，他終究無法活出真正的自己。

在我的生命經驗裡，遇過許多會產生「自我否定聲音」的人，最後就算好不容易成功了，仍會感到痛苦不已。許多明明已獲得成果的人，仍懷疑著自己的能力，覺得一切不過是僥倖。甚至因為自覺自己不值得正面的成果，面對成功，卻開始產生「冒牌者症候群」（Impostor Syndrome）[2]，有這樣心態的人，會覺得失敗是預料中之事，而成功不過只是僥倖，不僅無法享受完成任務的過程，也不能坦然享受自己的成功。

內在霸凌無所不在——面對它！征服它！

一開始，「自我否定」可能是假性的自我保護，一旦開始失控，就會成為思考與行為的預設慣性（default），讓人「不自覺地」陷入「我就是失敗者模式」。當大腦已透過訓練養成否定自己的習慣，慣性思考就會在你進行一切事物時先否定你，負面聲音大到令人震耳欲聾。本來是基於「保護」前提的自我否定，就會逐漸變形為自己對自己的「內在霸凌」。

根據維基百科，霸凌（Bullying）「又稱欺凌，指的是帶有惡意、情緒的評論或言語，透過對受害人身心的壓迫，造成受害人感到憤怒、痛苦、羞恥、尷尬、恐懼，以及憂鬱。若在不反抗或無人協助下，霸凌所帶來的傷害往往是不可逆轉的。」那些自我否定的聲音，就是我們對自己的身心壓迫，讓自己感到憤怒、痛苦、羞恥、尷尬、恐懼，甚至憂鬱。

外在霸凌容易分辨，但內在霸凌卻往往隱而未現。外在霸凌令人害怕，但「內在霸凌」才是足以擊垮人心的最後一根稻草。面對外在霸凌，我們知道那是「別人」所主導；但是發生「內在霸凌」時，我們常常真的相信那是「自己真正的心聲」。

不，請察知、分辨出那些自我內在霸凌，那不是你！那只是讓你以為你做不到，告訴你「你什麼都不是」的恐嚇之聲。

2 冒牌者症候群（Imposter Syndrome）心理學上，患有冒牌者症候群的人會自認沒有實力、才能，面對他人肯定及讚賞時會歸因於運氣，認為對方過分抬舉。

機會越豐盛，內心魔鬼便越巨大

自我否定的聲音常與成長歷程、外在環境有關。那些我們父母、師長、朋友、公司同事、社會說過的話，那些曾經歷的各種失敗和創傷的經驗，都會形成我們的內在聲音。即使看似事過境遷，似乎遺忘過往了，但回憶仍會潛伏於記憶深處，在最為脆弱之際，創傷會伺機突襲，讓你開始懷疑自己、否定自己。

二〇一七年，我受邀代表台灣參加亞太經濟合作會議（ＡＰＥＣ），那是相當難得的機會。然而，收到邀請的當下僅有一刻的榮耀，很快地，我的興奮就轉變成巨大的焦慮不安。

我反覆聽見自己的質疑。「我十二歲才開始學英文，沒有任何正式的英文演說經驗，首次英文演說就要代表台灣，在這麼正式又重要的國際會議上分享企業經驗，我怎麼可能做得到？」尤其是知道自己將以「成功女性創業家」的代表身分而有了更多壓力。當時的我看著自己代表的頭銜，只聽到腦海中的聲音狠狠地嘲笑著：「你哪位啊？你成功了嗎？你憑什麼？」

於是我試著冷靜下來與自己對話，想確認這是否正是許多女性經歷的「冒牌者症候群」？我發現那個內在霸凌的聲音只是越來越激烈。「你還要找什麼藉口？你英文這麼差，這才不是冒牌者症候群！你就是不行！」我自以為冷靜地自我辯證、理性推衍，卻只是讓我更加深信，我的確不行。

當時，好友林微弋恰巧從紐約回台灣，我請他當我的英文老師。微弋長期在紐約表演，也曾為了爭取演出機會，下了苦功進行英文與聲音訓練。我準備好滿滿的講稿要請他給我建議，他看了一眼就叫我直接開始。我講稿上的起頭，是對大家說明我是誰、來自哪裡，這些簡單不過的話語卻讓我突然之間斷了線。看著自己寫的講稿，我卻有如面對一片空白，一個字也說不出口。

微弋耐心地看著我，但我卻只看見自己的無能為力。當時，我腦海中全是負面的聲音，大聲地說著「你好爛、你好遜、你好糟、你英文很差」等。低頭看著自己的講稿，一抬頭卻看見微弋的期待，我對他搖搖頭，一個字都說不出來的我，只覺得自己是個笑話。

微弋驚訝地說：「張瑋軒，你不是那種會說『做不到』的人。」突然間，我因為「為什麼不能說我做不到」而感到非常委屈，一方面我也憤怒地責怪自己為何做不到，數落自己犯下的所有錯誤。因為不想對不起他的寶貴時間，於是我說：「暫停吧，不要浪費時間在我身上。」

微弋完全不回應我那些亂七八糟的委屈、憤怒、不安、焦慮，只要我先想想我曾做過什麼，說出那些已完成之事。我反覆地說：「我什麼都沒做到，我還有好多沒做到的啊。」當時我心裡浮現的，是我還未完成的，女人迷的所有未竟之業。

微弋叫我看著他，以堅定眼神看著我說：「對，你還有很多沒做到的，但你至少明白你還沒做到。在你意識到之後，你就會去做！我認識的張瑋軒，就是這樣的人啊。」

在那個瞬間，拼命責罵自己的聲音開始如玻璃般碎裂。「哐啷」一聲，失控又瘋狂地自我否定，嘎然停止。痛苦又煎熬的內在，開始出現狹窄細小的些微縫隙，彷彿黑暗深淵中的微光。「我」好像開始對自我霸凌有點招架之力了，看見自己的小小身影站在那縫隙之中，凝視與覺察自己的恐懼，呼喚那個「真正的自己」現身。

我的肩膀放鬆了下來，我的內在開始出現另一個相對平靜的聲音，扣問著自己：「親愛的，你到底在害怕什麼？害怕自己不夠好？害怕公司不夠好？還是怕自己英文不好？」「親愛的，你到底在害怕什麼？這麼多人相信你，微弋難得回台灣還費時幫你練習。女人迷曾完成這麼多事，難道都沒有價值嗎？因為女人迷，多少人增生了勇氣及企圖心？難道那些故事都不重要嗎？」

在那當下，「那個聲音」聽起來和自我霸凌的聲音開始產生很大的分歧。透過建設性的提問，那個聲音有效地幫助我探索自身的恐懼。

這個對話的經驗，讓我深刻地看見自己內在的恐懼。十二歲才學英文的我，其實對自己的英語能力，一直感到自卑；因為對自己極為嚴厲，所以我只看見不足之處；在我的成長經驗中，鮮少得到讚美與肯定，所以只要做得不夠好，我只會覺得對不起人們的栽培與期望，這樣的自己因為擔心對不起大家、讓他人失望而先害怕了。

直到那刻，我才發現自己始終活在恐懼之中，怕別人失望、怕辜負別人、怕沒達到別人的期待，怕這個、怕那個的，根本沒做到我鼓勵女孩們該做的要事：為自己而活。也正因為如此，我從來不曾假設任何人「做自己」很容易。

親愛的，當我們要挑戰極為困難的事情，當我們想完成一點什麼，這件事肯定不會太簡單，但我希望我的經驗可以讓你知道，會害怕真的沒關係，只要願意面對，你一定可以！

”機會越豐盛，
內心魔鬼就會越巨大。“

凝視自己的恐懼時，我們才有機會對自身的恐懼對症下藥，立定明確的改進目標。感謝當時參與APEC會議的殊榮及機會，讓我能看見那個恐懼的自己。此外，也感謝相伴的摯友提醒著我是誰、我又可以是誰，讓我更接近想要成為的樣子。

你不需要很完美，但要真實地做好自己

自從那次直視恐懼的機會之後，我不再害怕以英文演說。

無論是面對世界級的上千人國際論壇，還是聰明絕頂的哈佛百人營隊，或是複雜困難如美國國務院的未來領袖之旅，我知道我該做的並非「完美」，我想做的、該做的，就是誠懇、真實地說出自己的故事，真切地做好我自己。

當你進入自我否定與自我霸凌的階段，就面對它吧！

凝視那些情緒，主動跟那些聲音對話，就像你看見別人遭受霸凌一樣，如果你夠正義，你便會現身。所以當你聽見你對自己說「你真的爛透了，你什麼都不會」時，請為自己勇敢地現身，堅定地對那個聲音表達立場，「對，我真的什麼都不會，但我也承認我什麼都不會！」

當瘋狂的內在聲音開始嘲笑恐嚇、說你一無是處，就繼續迎面對戰。

「但是，至少我知道自己欠缺什麼，而且當我知道後，代表我有機會找到可能的解答！」這時的內在霸凌便會開始變得薄弱。當你能面對內在霸凌，選擇勇敢現身對話，你將發現內在霸凌能夠被你馴化成幫助你的力量！

當然，我仍會有內在軟弱的時刻，但當我意識到「我真的不行」時，我甚至會聽見那瘋狂的內在聲音說：「嘿，上次我說你不行的時候，你不也克服了難關嗎？那次你蠻酷的，這一次應該沒問題吧！」

即使那聲音又賊賊地說：「還是這次你會承認你不行？」我發現，那個聲音其實正在鼓勵我說出「我可以」。

相信我，有意識地面對令人恐懼的內在霸凌，選擇與它對話，理解核心問題並持續練習，你很快就會聽見瘋狂內在對你大聲喊話：「你可以的！」活出你想要的，你真的可以。

看看受傷的內在小孩，告訴他真的沒關係

從小到大，我聽過無數對自己的強烈譴責。身為家中第二個女兒，我常常聽到的是「如果你是男生，也許——就會更好」的各種造句。很長一段時間（甚至可以說是我三十五歲之前），我常常覺得自己沒有存在於世上的價值，所以我總是非常努力，想向世界證明自己的價值。

過去這三十幾年，別人可能很難想像我是如何對待自己。在原生家庭及許多

社交場合中，我就像被霸凌的孩子，刻意隱形、曲意地取悅他人，就因為認定自己不被重視、不被喜愛、不敢被看見。我擔心自己不被認定為「好孩子」、「好的女性代表」，甚至是「無法讓團隊認可的好老闆」。我總覺得自己做得不夠，一切都是我的錯，長期活在害怕被遺棄的恐懼中。

否定自己存在的內在聲音，在我心裡長成令人刺痛的荊棘，錯綜複雜、深根糾結，不僅讓自己進退不得，也讓我與家人的關係裹足不前。對我來說，家庭永遠是最重要的，所以更讓我在過程中煎熬不已。我不斷告訴自己，無論發生什麼事，一定要原諒、包容，並放下。

因此，當某些事件讓我開始產生委屈、不公平、必須忍耐又憤怒的情緒時，我就會強力譴責自己、責罵自己：「你的家人對你夠好了」、「這世界上還有許多更慘的家庭」、「你要做個知足的人，只記得好的事情」、「大家能一起吃頓飯已經很難得了」、「不要管別人怎麼對你，你要做一個只付出、不在乎回報的人」、「他們真的疼你，要知足感恩！你已經有得吃、有得穿、有得住了」等等等等。

這樣彼此衝突的聲音跟著我三十幾年，形成自動循環模式：

外在事件

⬇有了委屈或憤怒的情緒

⬇開始譴責自己怎麼可以委屈或憤怒

⬇告訴自己不可以委屈和憤怒，要懂得感恩已經擁有的

⬇對自己失望，怎麼都學不會原諒、包容、豁達

⬇更加譴責自己不夠好

⬇害怕事件的發生、想刻意隱形自己，讓自己在痛苦狀況中麻痺無知覺

最近我才理解到，這些「自我譴責」已成為「自我霸凌」，讓我活得苦不堪言、委屈萬分。我不怪任何人，但責怪自己時卻不遺餘力，因而活得矛盾且拉扯。我刻意地壓抑自己，卻因此讓自己活在恐懼裡。我害怕自己不被家人所愛、不知道如何溝通、擔心自己不夠好，結果卻增生了自身的刺，將自己與身邊人們都刺得滿是傷痕。

長期下來，我都活在想要「證明」自己值得被愛、值得被生下來、值得存在，想要成為家人的驕傲。然而，當我極力想要證明自己的值得，其實我也只會看見「那些絕對不愛我的」的言語或事件，好像每次我的努力、我的累積與成

果，只會換得一個新的打擊。

如果你在你的原生家庭，或是任何環境也有類似的循環，你覺得你「應該」怎麼做？親愛的，請先暫停一下，先不要想「你應該」，而是關心自己，先問問自己「還好嗎？」

生命其實很有意思，總是在最幽暗谷底時，讓人產生新的頓悟。

某次，當我真的覺得自己再也不能承受時，我看見自己那個非常受傷的內在小孩。我第一次問他「你還好嗎？」我彷彿看得見他，那個小女孩躲在牆角一直發抖、一直在哭，覺得這個世界一切都崩壞了，而且這些崩壞都是他的錯。可是明明他已經這麼努力了，然後他真的覺得再也撐不下去了，他好害怕、好心碎，我就這樣看著他，然後很溫柔地對他說：「沒關係。親愛的，真的沒關係。」

就在那一天，我對自己說，我不想要也不能再這樣下去了。我必須面對，並停止這樣的惡性循環。我冷靜地凝視自己與家人間的關係，這才發現我總是鑽牛角尖地找尋所有「不被愛」的證據，讓自己活在「不被愛」的恐懼之中。我只看得見不被愛的世界，因為「不被愛」是我唯一的認知，而那些「被愛」的事實，卻被我忽視或視為特例。

那一天，我決定走出困住我三十多年的恐懼，主動傳訊息給長期矛盾相處的家人。我們笨拙地在訊息上溝通，發現問題可能不在「愛與不愛」，而是彼此也不知道該如何相處。一直以來，我在家裡就是一個格格不入的孩子，我們選擇生活的方式不同，我們對生命想達成的渴望不同，我們表達愛與需要的方式也不同。但也正因為我們即使如此不同，還是如此深愛，所以才會更加恐懼彼此與折磨彼此。我覺得自己受傷，但我的家人們何嘗不恐懼、不難過呢？

那天的最後，我收到一封家人寄來的簡訊——「我們相愛好不好？」

相愛容易相處難，不僅是戀人，家人更是。每個人本來就都不一樣，你有你的想法，家人也可以有自己的生活態度，不是嗎？我們需要的，有時候只是多一點點面對的勇敢，而不是爭個是非對錯，而是讓在意的人感受到在意就好。

當我給自己多一點點的勇敢，去看看那個受傷的內在小孩，主動面對自己的恐懼，我感受到的不再是卑微、封閉與害怕，而是內在深處的能量——那是一種自然的喜悅及感恩，一種非常豐沛滿溢、不可思議，又源源不絕的愛。不管別人怎麼對我，我想做的只有我自己，我只想說沒關係，但我想去愛。

我感受到的，再也不是害怕別人怎麼對我，而是我自己想怎麼做。

不管別人怎麼做怎麼說，我就是我自己的見證，我可以就是我自己。這是我的人生，我有能力讓人生充滿愛、希望、給予、原諒、慈悲，及喜樂。

「抗戰」或「逃離」，你想怎麼做？

關於關係的探討、自我的審視，我也喜歡以近期發展的腦神經學來反思。透過腦神經學的發現與發展，從科學的角度來觀察人性的體會與經驗。

恐懼（fear）是我覺得最有趣、也是人類最複雜特別的情緒之一。由大腦的杏仁核（amygdala）掌握，目的是讓人類在面對潛在或正在發生的危險時，產生情緒反應，即時刺激生理和心理反應，進行自我保護。有人形容，大腦額葉是「思考功能」，而杏仁核是「動物本能」，近代大腦認知學家發現，刺激杏仁核的迴路有二：其一會經過大腦皮層，會讓人在情緒反應前還有思考時間；其二則是直接進入杏仁核，直接在體內產生「抗戰」（fight）或「逃離」（flee）的連鎖反應[3]。

當人產生恐懼時，若不選擇有意識地讓恐懼經過（passing by），讓恐懼經

3 摘自丹尼爾·列維廷（Daniel Levitin）所著《大腦超載時代的思考學》一書。

過自己的大腦皮層，進行關照與思考，「那個恐懼」就會直接進入杏仁核，像動物般以本能對抗或逃離恐懼。

所以，當你學會面對自我恐懼時，其實你也學習了如何「不用」動物本能的反應來面對恐懼，並讓你有機會停下來反思，有足夠空間來理解「自己」究竟對此的「反應」為何。

這裡所說的「反應」，並非攻擊或逃跑的反射動作，而是經過靜心和自我覺察後的反思、映照。更準確地說，當你選擇面對恐懼，你學會的是如何成為一個「人」，甚至學會如何成為一個「自己想成為的人」。

無論恐懼從何而來，當你開始感覺到「害怕」時，首先請讓自己沉靜下來，不必壓抑內心的恐懼，不要害怕自己的情緒。也不需刻意要求自己不該害怕，而是讓自己安靜地經歷恐懼襲擊而來的時刻，不安慰自己、責怪自己、保護自己，甚至封閉自己。只要相信生命就是宇宙給你的最大禮物，一刻一刻地「體驗」當下，臣服於各種發生的狀態。

當你越是恐懼、激動，有越大的情緒波動，這些種種考驗的背後通常藏有更遠大的祝福。親愛的，不要逃跑、無需戰鬥，我們只要沉穩駐足，讓情緒經過，接受它，然後理解它。

恐懼，是被我們學會的事

面對恐懼的事物，先沉靜面對，因為大多的恐懼都不是真的，也沒有必要。許多恐懼的來源只是不必要的恐嚇，是想像與社會規訓下的產物。恐懼，看起來是「自然而然」的情緒，但產生恐懼的來由，往往是「後天環境」的馴化。恐懼，是被我們學會的事！

學步階段，小孩不小心跌倒是常有之事，但小孩跌倒時，大人若立即給予過度關切，本來不哭的小孩可能就立刻哭了。因為小孩在這經驗之中，「知道」也「學會」跌倒就該是令人擔心、害怕的事情。於是，他便學會了「他應該害怕」的反應。

除了怕摔之外，一路上，家庭、學校、社會、工作環境教會我們的，就是各種「應該要害怕」的事，即學習「什麼事情你必須害怕」、「什麼事情你絕對該恐懼」；而非如何去愛、如何原諒、如何靜心、如何獨立思考。尤其是身處於亞洲社會的孩子，更是在恐嚇的環境中長大成人。

許多亞洲女孩面臨的成長，就是在人生的每個階段皆處於恐懼之中：

■ 你要小心，不要太優秀，不然很難找到另一半

■ 你要小心，身邊那些女生好友。好姐妹總傷你最深！

■ 你要小心，穿著打扮要注意尺度，不要讓別人想入非非

■ 你要小心，小心拒絕別人的示好，不要給出錯誤的訊息，吸引到奇怪的恐怖情人

■ 你要小心，別太早談戀愛。女生就是要乖乖讀書

■ 你要小心，別太晚談戀愛。不然就會母胎單身、找不到好對象了

■ 你要小心，不要太早把身體「給」別人（先不討論為何女孩的身體總是在「給」、男孩總是在「要」！）

■ 你要小心，如果發生婚前性行為就不會被珍惜（許多教會及學校要女孩們發誓簽下守貞卡）

■ 你要小心，如果沒有性經驗，婚後只有一個性經驗對象一定會後悔！

（所以到底要不要鼓勵婚前性行為呢？）

■ 你要小心，不要太早懷孕（給十五、六歲的女孩看一堆可怕的墮胎影片）

■ 你要小心，年紀太大生不出小孩（二十八歲後，每天都有人關心你的子宮與卵巢；三十五歲後，不認識的路人們都會出自「善意」地勸你幾句）

■你要小心，沒有小孩以後一定會後悔（好，我知道了！）

■你要小心，沒有小孩的女人，就沒有完整的女性經驗（可是我也不會對任何人說「你沒創過業，就沒有體驗過『完整的』女性經驗啊！」）

■你要小心，如果從全職媽媽變成黃臉婆，另一半會愛上別人（如果你努力投身於工作，大家就會說「女人還是要以家庭為重！」）

■你要小心，女人的薪水如果比男人高，婚姻會不幸福、不協調

■你要小心，「我們女人」就是要學會忍耐、學會耍心機（沒錯，很多話都是女人對女人說的）

■要小心，要注重身材、讓自己漂亮，也要有腦袋！要讓自己在市場上有競爭力！（當然指涉更多的是「配偶市場」）

■你要小心，若不愛自己，就不會有人愛你（這很好，但我愛自己的原因並非我想要被別人愛呀！）

■你要小心，當小孩長大後，可能就有空巢期

■你要小心，如果還單身，想清楚這真是你要的嗎？女人最重要的是家庭啊（但我相信不只是女性，對於「所有人」來說家庭都是最重要的）；你有自己的第二、第三人生嗎？你怎麼都沒建立自己的生活圈呢？

你發現了嗎？以上這些事，總結就是要小心、小心，再小心！

所謂「完美」的女性經驗是：年輕時，對自己的言行確切把關，要有點「經驗」又不要「太有經驗」；要有好閨密，但千萬注意不能過於要好，免得自己的一切被「愛嫉妒的好朋友」奪走；要認真讀書，但成績也不能太高標；最好要有工作經驗及專業，擁有自己的人生與生活圈，但千萬注意，事業的成就與薪水不能高於另一半，免得家庭不和樂；也得記得在適當時刻結婚、懷孕、生小孩，不然就錯過自己的人生；要多認識一些對象，累計樣本數免得被騙，但被追求時務必謹慎小心，不能傷害到他人的自尊心；還有，真正的女人要有「完整的女性經驗」，而這個完整配套基本上指涉的是「生產經驗」。

坦白說，我自己寫完以上這一段，也覺得實在蠻幽默的。

只要能夠做到，你就擁有一個社會大眾眼中完美的「女性經驗」！

當然，不只是女孩們，男孩們也是這樣被恐嚇地長成男人的。譬如身高，不夠高找不到女朋友；譬如強壯，沒有肌肉很不man；譬如成績，你以後會不會有成就？有沒有錢？如果你都沒有這些，男人們，小心你找不到願意愛你的人！男人們，小心！如果你什麼都沒有，每個人都會瞧不起你！

無論當我們是孩子或大人，恐嚇無所不在，更別說正面臨性別認同的孩子。

這些孩子生活於恐嚇與恐嚇的縫隙中，進退不得。甚至他們根本還不知道「自己到底怎麼了」時，就早已聽聞人們的瘋狂評語（這些「髒東西」、這些「不三不四的東西」；如果是我的小孩，我早就跟他斷絕關係；這就是變態、就是令人不舒服）。不同性別認同的孩子，很小、很小的時候就知道自己對很多人來說，自己跟「人」不同，自己只是個「東西」。

我是一個基督徒，我有一些在教會的同志朋友，無論他是十歲、二十歲、還是三十歲，往往只要一講到自己的性別認同，就會痛哭失聲。這與同婚是否合法無關，這與他有沒有出櫃無關，而是當他的世界裡最重要的信念或家人並不支持這件事的時候，心裡都會有一個「自己為什麼會這樣」的罪惡感與無法癒合的傷口。

如果問我有什麼夢想，我的夢想就是沒有任何人需要為自己想成為的、沒有任何人需要為自己喜歡的、沒有任何人需要為自己渴望的，感到恐懼和害怕，而每個人都能活在愛裡！

身處現在的社會中，從小到大，每個人都在恐懼裡蹣跚學步、在恐懼裡匍匐前進。只要你想要的與他人不同，只要你有一點自我意識的覺醒，你就會感覺到強烈的格格不入、絕對的孤單，以及受到四面八方的攻擊。

我之所以創業，便是希望透過「女人迷」來改變普世概念。但社會的啟蒙運動需要時間，所以在世界變得更好之前，說真的，我們必須先練習強壯自己！那些格格不入的孤獨令人怯步，但我希望我分享的一些故事可以陪你走一點路。那些不知哪裡來的眾人的目光、唾沫及質疑，我也希望我可以陪你練習無須在意那些外在的聲音，最重要的是聽見自己並且告訴自己，我們這一生最重要的任務沒有別的，只有一個——好好地成為你自己。

找到恐懼的真正原因，也許並不值得害怕

我的親身經歷，相信也曾發生於許多人身上。三十歲那年，我撕心肺裂地分手了。當我單身時，周遭人們都為我擔心，無論身處工作或私人場合，面對的提問永遠是「何時要開始約會？」、「認識新對象了嗎？」等等。無論交情深淺遠

近，幾乎所有人都會委婉且友善地建議：女生還是要找個人結婚最重要；事業太成功不一定好；如果我年紀越大、工作表現越好，只會越來越難找好對象。

喔，對，我忘記說了，那位和我提分手的人，原因之一就是「你在工作上的表現太好了。」

就在我首次登上TED演講的那天早上，他沒來由地想挑起爭吵。我只說：「一定要在今天嗎？」他說：「TED演講很了不起嗎？」而我說：「沒有什麼了不起，我只是需要安靜地準備。」

後來我們決議分手，但我感到非常痛苦。當時，我覺得自己再也找不到如此契合的人了（親愛的，如果你分手很痛苦，也有過這樣的念頭，相信我！只要你願意把時間花在瞭解自己，你一定會遇到更契合的）。所以，雖然提了分手，我仍不斷嘗試挽回，希望「調整自己」後，就有再次復合的可能（當然，如果有機會再來一次，我絕對不會再這樣「鬼遮眼」地為難自己）。

我讓自己處在那樣的困境許久，所以單身（又想念他）了好幾年。在某個時間點，「單身」突然成為我的世界裡最憂心的事。母親說他唯一的擔心就是我，而好朋友們則表示「誰敢跟你在一起？」日常的提醒有如魔音穿腦，後來竟有一段時間我也開始附和，相信自己的確要感到害怕。我開始問自己：「你以為你是誰？當全世界都說你應該要害怕時，你憑什麼覺得你能不害怕？」

我開始「學會」對於「三十幾歲還單身，想在工作上有所成就」的自己，感到害怕和無助（親愛的，你會發現「」裡面的句子可以置換成任何，譬如：還沒生孩子、外表不夠漂亮、身材不夠好等）。

無論當時的我是否熱愛工作、是否有愉快的社交生活、身旁有沒有知己好友，我認真地對「我的未來」感到不安。那一陣子就連睡覺前，躺在床上懷疑自己能對誰說聲晚安時，也讓我忍不住害怕，是否我將如人們所說的，就這樣孤獨地終老一生。

那個時候，我問過幾個同樣是三十歲出頭的男性友人，會不會害怕自己孤老終生？他們一聽到這個問題，眼睛總是瞪得很大，然後大笑幾聲：「你沒聽過，女生的青春有限，但年輕的女孩無限嗎？」再驕傲地挺挺胸膛說：「我們男人就是越老越有價值好嗎！」

好玩吧，至少我訪談的這些男性，從沒想過自己會不會「孤老」的問題，甚至覺得「男性孤老」沒什麼（直到他們真的很孤獨的那一天）；但是大部分我所遇到的女性，多多少少都有過類似懷疑害怕的經驗。

身為一個女性主義者，面對這般恐懼更覺得痛苦。是的，我不僅恐懼，更是痛苦。因為我明知結婚不是女人唯一宿命，但我為何仍感到害怕呢？我所創辦的事業本質，不就是為了鼓勵女人們遠離性別角色的刻板印象嗎，但為何我還會感到害怕呢？明明毫不在意，甚至不該在意的事，我怎麼還會害怕呢？

作為一個很重視自己承諾、總是希望以身作則的我，除了恐懼之外，我開始討厭自己。我討厭自己不夠堅強，責怪自己沒有「主體意識」。自我懷疑的兩個月，我不僅僅學會恐懼「三十幾歲還單身」這件事，我更開始「責怪自己的害怕」。「害怕」本身，是一件自然的事，但發現「我」害怕這件事，又會讓我進一步「討厭自己」，成為負面循環：我害怕「我」的害怕、我討厭「我」的害怕，我討厭「我」會因此感到恐懼。

因為開始恐懼，我破例允諾當時一位追求者的晚餐邀約。他紳士地問可否來接我，我答應了，但上車不到五分鐘便覺得話不投機，「寧可回公司工作」的念頭瞬間蹦出。當我意識到自己的反應時，那些恐嚇立刻現身說：「還是試試吧。他條件這麼好，要是連這個都不行，搞不好以後真的要孤獨終老喔。」

對方一直在講話，但我明顯地心不在焉，一直想著我若不想要孤獨終老，是否就要就此妥協？突然之間，我聽見自己內心裡一個強而有力的反駁聲音——「如果真的要這麼勉強和誰在一起，那麼，我寧願到老都是自己一個人！」

嘿，轉捩點出現！我赫然發現在眾多恐嚇之聲中，我沒有冷靜地想清楚問題的本質，於是重新問自己：「所以你到底在害怕什麼？」

那天晚上，我第一次正視我的單身恐懼，我問自己：「嘿，張瑋軒，『你』到底在害怕什麼？害怕找不到另外一半，不能結婚嗎？」「不，我根本不在意結不結婚。」一開始跟自己對話後，我非常清楚地知道，我的恐懼和「單身與否、有無婚姻關係」都無關，我害怕的只有一件事：我會不會一個人孤獨終老。

我開始理解這個恐懼的本質。我終於知道我害怕的只有「孤獨與否」。當我想清楚之後，我發現我的恐懼消失了，因為我非常清楚孤獨與否，與一個人的婚戀狀況一點關係都沒有。（尤其，我們都知道一個人在婚姻狀態中，還是有機會感到非常孤獨的，不是嗎？）

「孤獨與否」是另外一個題目，只有誠實地面對恐懼的真相，你才有機會確定問題的本質是什麼，替自己找到真正的答案。

生命就是一道又一道的練習題，沒有任何標準答案，只要是你誠實用心完成的，那就是最好的！

承認自己的恐懼，有什麼關係？

「如果你無所畏懼，你會做什麼？」（What will you do if you're not afraid?）這是吳爾芙對於女人「可以成為什麼」的經典金句。雪柔・桑德伯格在《挺身而進》一書，他也鼓勵女孩們思考這個問題。

然而，親愛的，我要告訴你，我一開始也沒有辦法這麼勇敢！我覺得更適用於我自己的，反而是「如果我會害怕，該怎麼辦？」

許多人察知到自己的恐懼時，會想跳過、不承認、開始武裝。但是，親愛的，我想說害怕是自然的事。會害怕又怎樣？我們就從面對自己的害怕開始！如果害怕，我們就承認，然後開始感受改變的力量。

我們不需要譴責自己的害怕，害怕是自然的。但，讓我們一起面對它！

我所有的害怕都成為了我的最勇敢！

最積極的作為，並非在害怕之際拼命對自己說「別怕」，然後責怪自己；相反的，感受到害怕時就先承認，「對的，我害怕」，然後進而問自己——那樣的恐懼究竟是什麼。

特別注意，是要問自己「那樣的恐懼究竟『是什麼』」，而不是「問自己『為什麼』要害怕」。要區分這兩個截然不同的提問，前者，是一種開放式的問題，能找到害怕的核心根源，進而找到你生命的解答；後者，則是封閉式的問題，較容易引導至對自身的責怪與埋怨。

直到現在，我常常想起也感謝那天與我晚餐的紳士（現在也仍是我非常好的朋友），讓我有機會非常誠實地直視自己的恐懼。

一整頓晚餐，我都在想，「孤獨與否」其實與「我的感情、婚姻狀況」真的沒有關係，多少人在婚姻之中感到寂寞，也多少人在交往途中感覺孑然一身。那天晚上，我理解我的害怕，其實來自於社會環境、親朋好友們對女人們的恐嚇——恐嚇女人不能變得優秀，恐嚇女人在某個年紀就應該要有對象，恐嚇女人的身體在某個階段就要準備懷胎生子，這些恐嚇累積成無數女人對自己生命選擇的恐懼，害怕自己會過得不好，害怕自己的生命不夠完整。

因為恐懼，所以太多人無法勇敢做出自己真正想要的選擇。

”直視自己的恐懼，就能超越恐懼。
承認自己會害怕，真的沒有關係啊！“

直視恐懼之後，就會發現自由的自己了。我明白，無論我的婚姻、戀情狀況為何，我都絕不會孤獨。我「決定」就算是單身一輩子，我也沒關係，因為我知道我的朋友、我的事業不會讓我有孤獨的感覺，我深信我這一生都會被愛與支持環繞。

當我理解自己的恐懼，當我超越恐懼的時候，當我「決定」我更想要單身的時候，我更能全心將自己安放於工作與生活狀態之中。我更加投入在工作之中，因為我不想勉強和自己不適合的人相處；我再也不會因為我現在全心投身於工作中，而懷疑自己是不是犧牲未來的幸福，我開始更喜歡自己的每一天。

然後，當我不再害怕時、當我接受自身的選擇與狀態，當我好好過好每一天之後，生命真的很幽默，當我下定決心，明確認定「對的，我就是要這樣的生活」後，沒多久，我就遇到另一半。

喔，對，我們交往六個月後，我們就知道想跟對方一輩子了。

沒有人應該是什麼樣子，別對自己有偏見！

誠實地面對恐懼，勇氣能讓你以全新角度瞭解自己，給你前所未見的「改變的力量」（the power to change）。許多時候，恐懼決定我們如何思考、如何行動，恐懼是最能影響人心的情緒反應，也是所有問題的核心，讓人自動開啟「逃跑模式」，產生放棄的心態或自我防衛機制。我們要練習面對恐懼，而不是活在恐懼中，那讓你無法活出自己。

恐懼，像是突然站在你面前血盆大口、焦躁不已的大黑熊（而且是一隻口臭的大黑熊）。直視這樣的恐懼並不容易，誰都會有想逃跑的念頭，或僵直地躺在地上裝死。但是，當我們看見那令人害怕的大黑熊時，先練習呼吸，努力抬起目光，看見恐懼深處，然後試圖與這隻大黑熊和平相處（當然，如果你真的遇見一隻活生生的大黑熊時，還是請你用正確的叢林求生法則）。

面對恐懼時刻，最好的方法並非對恐懼視而不見（轉身逃走，假裝恐懼不存在），也不是在原地等死（麻痺自身感受，對恐懼們束手無策），而是和恐懼共生，承認自己的恐懼，也接受自己的恐懼，活在那一刻的恐懼。然後，最大的重點是，觀察自己那當下的恐懼到底是什麼！

當我們拒絕自己的恐懼（轉身逃走假裝恐懼不存在）或是麻痺自己的恐懼（束手無策地接受所有恐懼的發生），你就等同是讓自己活在壓抑、外在恐懼的生活裡，你並不是你。而當你並不是你，沒有跟自己合而為一的時候，親愛的，這樣的生活，絕對久了會出問題。

”生命真正的祕密，就是讓你是你，
讓你成為你，但只要你活在逃離或壓抑之下，
你就不會是你。“

當恐懼來的時候，最好的辦法就是「來，現在想想『我』的感覺是什麼？」這個觀察就是自我覺察的開始。當你開始觀察自己的感覺，不要否認你經驗到的任何事實，不要對自己應該是什麼樣子有偏見。

當我覺得自己是一個女性主義者的時候，我會對自己「應該」是什麼有一個定見。但當你對自己的定見有偏見，你將很難接受原來自己會害怕、會懦弱、會嫉妒、會憤怒，當你無法接受自己最真實的狀態，你其實是讓自己活在虛偽和壓抑、自我分裂和自我譴責中。

要活出自己，最重要的就是把自己想要的好好想清楚，並嘗試做到。其他的，真的都不重要！

親愛的，讓我再說一次，除了你自己，其他的，真的都不重要。

當你選擇承認自己的害怕，就讓自己真的活在那個讓你害怕的時刻。

那個時刻是真的，經驗它，體會它，不用去想那個時刻你「應該」要怎麼樣，停止活在對自己應該如何的抽象裡，而是活在當下的真實裡。然後某一刻，你會知道你能超越它。

列出你的恐懼清單：從「我害怕」到「我想要」

好吧，除了面對恐懼以外，更重要的，應該是我們怎麼實現我們想要的！這一段很重要，請你拿出筆一起來練習吧。

當你活在恐懼之中，牽引你的就是恐懼，而你做的任何事情，都會基於「我害怕」（I'm afraid）。但當你活在自我接受（self-acceptance）之中，你會越活越覺得自在，因為你做的每個選擇，都是因為「我想要」（I want to）。從「我害怕」到「我想要」，這會是改變你生命的思考態度。當你能夠活在「我想要」裡，你會開始瞭解到「我」的力量。

從「我害怕」到「我想要」的第一步，就是先好好面對自己的恐懼。給你一個具體的建議，為自己創造一個「恐懼筆記本」，寫下你的恐懼清單。找一個安靜不被打擾的時間，打開筆記本，好好的思考你目前生命經驗中讓你害怕的所有事情，是的，所有事情，把它們全寫下來。

當你寫下所有讓你恐懼、擔憂之事後，請你先進行分類，可至少分成三類：

1. **生活的習慣恐懼。**譬如，不敢吃香菜、苦瓜、不敢看鬼片等。是否要克服這些項目因人而異，我選擇接受有這些恐懼的自己，而不特別費心改變。

2. **面對「未知」的恐懼。**克服此類恐懼的關鍵就是「做就對了」，先是勇敢嘗試，接著將「完全未知」轉換成「部分已知」，就會明白這件事是否值得害怕。

3. **找到表象下的深層恐懼。**這是最關鍵的恐懼樣貌！當你寫下所有恐懼後，開始分辨哪些為表象（appearance），並探尋「表象下的深層恐懼」。例如，「三十幾歲仍單身」就是「表象」，真正令人害怕的源頭可能是「孤獨」，也有可能是「老了無足夠的經濟來源」，也可能是「老了沒有人為我送終」。在恐懼的表象之下，每個人真正害怕的根源都不同，所需要的解決方案就不同。唯有開始正視恐懼、開始剖析，才能對症下藥，找到屬於你自己的「我想要」。

關於恐懼，讓我們拿人們最困擾的事為例。許多人都說「怕沒錢」，這就是最值得探索的表象。

但如何進一步探索表層下的核心問題呢？「『我』知道我害怕沒錢，但『沒錢』讓我害怕的『是什麼』？」你可能得到的答案是「沒錢就不能過自己想過的生活」，但大部分的人就此停步，接著抱怨沒錢、世上有諸多不公平。然而，千萬不要停在此處，請再繼續追問自己，深入思考人生的核心提問：所以，「我想要」過的生活是什麼。

在此思考階段，大部分人們才會驚訝地發現自己從未透徹地獨立思考。太多人活在害怕沒錢的恐懼中，但少有人思考自己想要過什麼樣的生活。這樣的人儘管富有了，卻捨不得花任何錢，或是覺得生活如此空虛。心靈貧窮者，最後往往窮到只剩下美食和旅遊。

此外，也以令許多人恐懼的「他到底愛不愛我」為例。

婚戀關係之中，若感覺到對方寧可打電動、和哥們打球、與姊妹們聊天，也不願意抽空對話、相處；因此，這般不踏實的感受會令人心生懷疑，懷疑對方是否不夠喜歡自己、對方是否有其他對象，進而產生許多恐懼。

然而，就算腦中小劇場頻繁登場，直接看對方手機也不是最好的方法。每個人都有不同的特質和傾向相處的模式。將「我害怕」變成「我想要」，勇敢地和對方溝通關係經營的方式。

凡事沒有最好，但相處必定要達成共識，培養相處的默契。如果你想要的，是對方給不了你的，就果決地離開這段關係。重點不在於「別人做了什麼」，而是你得在關係中思考「你想要什麼」。

”面對恐懼，最重要的改變契機，
就是從「我害怕」到探索「我想要」！“

大部分的人，花太多時間在抱怨自己的害怕、討論自己的不安、焦慮自己的恐懼、責怪自己的膽怯，卻花太少時間好好地問自己，沉靜下來思考「我想要什麼」。

面對自己的害怕，最重要的題目就是問自己害怕「什麼」，一層一層抽絲剝繭地深究恐懼的本質，再一塊一塊地探索恐懼底下的冰山全貌。當你掌握恐懼的真相，你就掌握了自由的鑰匙。你可以把你的害怕，化作正面的力量，從「我害怕」，到能夠大聲地說：「我想要」，你的恐懼將會成為這個宇宙所能給你的最大禮物。

來，請給自己三十分鐘，寫下目前的所有恐懼吧！

害怕的時候，就看向遠方吧

說出來不怕被人笑話，我是一個很容易心跳加速、容易害怕的人（還是你已經發現了呢），所以我特別需要練習勇敢。我是每次上台前會緊張、在陌生場合會害怕的內向者，我不時給自己精神鼓勵，多個深呼吸，才能鼓起勇氣完成對我來說很不可思議的那些事情。

從小，母親給我的教育很不一樣。面對恐懼，母親總是告訴我「要面對自己的害怕」，而他給我的長期練習就是：面對它、瞭解它，並征服它！

每次害怕時，我總會想起過橋的故事。我從小就非常害怕「過橋」，尤其各大風景區的木頭吊橋，木板與木板之間的巨大間隙，總讓我覺得會直直墜落萬丈深淵。

在我腦海中，有這麼一座讓我印象深刻的橋。面對母親的鼓舞，我只是哭著說不願過橋。母親卻對我說出一個他親身經歷的故事。年輕時，他與一群登山社朋友、教授們去爬「黑色奇萊」（一座被譽為台灣最神祕難爬的山），路程有座窄小的橋。一位學術圈富有盛名的教授在橋的另一端遲遲不敢走過，每個人都想為他想辦法，但那窄小的險橋實在無法兩人同行。最後那位教授用爬的，一路爬過了那座橋。

我心想，若是連一位教授都會害怕，那我害怕到過不去也沒關係的。我想像頗有威望的教授攀爬過橋的畫面。我說，「這樣不是很丟臉嗎？大家都用走的，但他用爬的。」我的母親繼續說，「怎麼會丟臉呢？大家都覺得他更了不起，不敢走，就爬吧！不要往下看，往前看，往遠方看，然後用爬的也要爬過來！當那個教授爬過去後，每個人都在為他鼓掌。」

這個教授過橋的故事，在無數的時刻給予我勇氣。現在，我將這個故事送給你。不敢走？沒關係，我們就用爬的！往下看很可怕？沒關係，我們就讓眼睛看向遠方！

長大之後，我常常觀察過橋的家庭。一般來說，若孩子恐懼時，大人總會牽著他亦步亦趨地走，或抱著他走過。若小孩仍不停哭泣，家長也可能索性不過了，或是一位原地照顧，另一位走。總之，害怕過橋的小孩，不是得到手把手的安慰，就是從此錯過那座橋。

我至今感謝，我有機會自己爬過那座橋。

人生和爬山一樣，重點不是速度，而在於「抵達」！

爬也好，走也好，跑也好，看向遠方，一步一步，我們終究會抵達！

3

你為了什麼戰鬥？堅持很重要，限制是禮物

首先，我們做出選擇之後，
我們的選擇就會成爲我們。

——安妮·法蘭克《安妮日記》

前兩章說了許多關於內在恐懼的故事，這一章來談談有關「外在挑戰和限制」這件事。許多人會覺得人生因為「外在限制」而讓自己「無法有所成就」。如果你常有這樣的思考模式，此章的文字可能讓你如坐針氈！如果你無感於「限制」一詞，這個章節對你而言可能相對難熬，因為你可能未曾發現這些限制。若是過於挑戰，你可以先跳到傳說中本書最正向又有趣的第四章，然而，若你願意，邀請你和我一同在此探索！

「內在限制」，通常來自於腦海中的負面聲音。然而，當我們傾盡全力想成為自己時，最可能發生的無助困境，莫過於發現自己身處隱形天花板（Glass Ceiling），被陷阱層層包圍，進退不得。

所謂的「玻璃天花板」會以各種方式隱身於我們的生活之中。從你耳熟能詳的童話與大眾文化，到每個人的家庭與教育環境。有些天花板以「愛」作為偽裝，有些以「規訓」作為秩序系統，有些則以「習俗習慣」作為約束。如果想不斷突破環境的玻璃天花板，你不僅要學會面對恐懼，學會屏除雜音，更要練習相信自己，你會需要每一天的堅持和毅力。

「每一天都要挑選超出你能力的事情來做，然後努力征服這件事。」[4]我自己的生命經驗是，當我每一天去做超出自己能力的事情時，這件事情會需要臣服

（surrender），臣服是學會敬畏與感恩。當我能去做超過我能力的事情，透過臣服，我學會敬畏與感恩這個「機會」，讓我能夠去探索自己更多。臣服也是一種接受與開放，當我用接受與開放的心態面對所有的發生，我感受到的是各種可能，而不是既有的預設答案，我更能享受在每一個當下，活在每一個片刻，接受每個來自生命、意想不到的禮物，讓生命之流帶著我們自然的前進！「征服」指的是一種超越，我們必須面對種種自我聲音或外在懷疑，不被內在限制和外在阻礙阻止了自己。

親愛的女孩，別害怕自己太優秀

這是差點要成為本書書名的一個標題，但被我拒絕了。如此一來，你就知道出版社的女性編輯們，甚至一般女性，對此多麼有感！

4 摘自麥克・辛格所著《臣服實驗：從隱居者到上市公司執行長，放手讓生命掌舵的旅程》一書。

要成就自己的優秀，為何女性往往比男性更加辛苦？（以上指涉的是生理上的女性與男性。）

社會架構下有太多潛規則、太多隱藏的密碼及暗號，而家庭、學校、社會大眾與媒體，也共同塑造出許多角色陷阱。我們能共同努力的，就是一起拆解符碼、一同挑戰規則，也一塊找到解答！

我在許多演講場合中都曾提出這問題，超過九成的女孩擔心自己「過於」優秀，而男性幾乎不會有這方面的顧忌（反之，根據我的訪談調查，男性的問題在「害怕自己不夠優秀」）。

女孩們，為什麼害怕自己太優秀呢？原因各異，但大致歸納如下：

1 女孩缺乏角色楷模（role model），不知道女性能發展成什麼未來樣貌
2 害怕自己變得優秀，遭到朋友（尤其同性朋友）妒忌和排擠
3 害怕自己變得太優秀，未來的擇偶的選項限縮、減少

然而，男孩們的擔憂則是以上三點的翻轉：

1 男孩擁有過多優秀的角色楷模，害怕自己永遠無法達標和超越
2 害怕自己不夠優秀，交不到（也很優秀的）同性朋友

3 害怕自己不夠優秀，未來擇偶的選項限縮、減少

先來回應女孩們吧！

關於原因一的「缺乏角色楷模」，隨著年齡增長，大家只會有越來越多的角色楷模，但是那些所謂「成功的女人」看起來根本是「超人」！請你鎖定「女人迷」網站或參加我們的社群聚會，包括現在你正在閱讀的這本書，我們都在談那些最真實的女性生活樣貌。我也鼓勵所有「有所成就」的女性勇敢說出自身的真實故事，這些經驗有助於年輕世代成長的重要線索。

關於原因二「朋友的妒忌」，當你真心想要邁向卓越，一開始就要明確知道自己即將走向孤獨之路！若你周遭沒有追尋成長之人，你必然會開始感到你與他人的不同，或許會感受到自身的格格不入。

女孩們若問，若是自覺格格不入怎麼辦？我永遠只有一個同樣的答案：這是你的選擇，這是你的人生，如果你會害怕別人排擠而不敢變得優秀，這樣值得嗎？只屬於你自己的一生，真的不要努力嗎？你值得為那些人放棄自己嗎？

追求更優秀出色的自己，若是引發他人的排擠效應，這是極有可能的常態，與其在意，不如做好心理準備。即使你心中不曾有比較心態，你也無法控制別人

怎麼看你。真正優秀的人看到強者，只會心生惺惺相惜之意；然而，因為你優異而感到被威脅、害怕不安而因此排擠你的人，都是不需要占據心中、感到在意之人。真正的朋友，會因為你的成就而感到驕傲！

如果很不巧的，閱讀此書的你，正是看到優秀人才而忍不住「嫉妒」的人，也先不要責怪自己！因為他人勝過自己而產生的忌恨心理，那代表你仍有「未實現的渴望」，希望你可以如此傑出。存有野心很美好，但請你將時間花在自己身上，將那般不安的心思用來鼓勵自己向上，嘗試超越自己。

至於原因三，自身條件及擇偶這題，讓正值婚戀年齡的人們至少痛苦十五年，許多人甚至不敢坦承、面對！在職場最衝刺的二十至三十年華，許多女性最擔心之事卻是婚嫁的壓力。面對「自我實現」與「合適的交往對象」兩個選項，大家常常難以排序，最終多數女性會選擇「交往對象」，這是常見的選項，因為那是大家從小到大被灌輸的概念。

關於擇偶的選項限縮，是最讓人難以啟齒，卻是最易解的面向。交往對象要重質不重量，合適又合心意的人只要一位就好，數量並不是重點。這樣過於優異的你，若因此讓選擇對象變少，其實是件好事！

越是優秀的你，越值得被慎重地好好對待，越是有機會遇見優秀的對象。

讓自己有本事過得更好、過得更有自信，你才有機會遇到更好的機緣。男孩們，屬於你的答案，就同以上這些解答的翻轉！

拒絕「以愛之名」的種種威脅

負面聲音、外在恐嚇，若你有夠強壯的內心素質就能掙脫，但最可怕的是「以愛之名」的玻璃天花板，包括「女孩子這樣穿，成何體統」、「女生只要找人嫁，就不必太辛苦了」、「女生裙子不要穿太短，很危險的」，甚至那些「再不早點生，以後都生不出來了」等等。

尤其我們都深知，這些話語常常出自於「真誠關心」，而非惡意，所以才更讓這些善良的女孩們肝腸寸斷，寸步難行。多少女孩們的自我設限，就是因為聽到身邊親愛的人們說「這都是為了你好」。

若有機會教養下一代，若有機會對更多人言說，我們都必須停止「這是為了你好」的造句。從現在起，我們要開始說的是「你要自己做選擇」，而不是將自己的答案強加於他人身上。

如果希望自己的孩子好、如果希望自己的父母好，如果希望另一半好，如果希望朋友好，你要說的應該是「我覺得——很好，但我知道你有自己的選擇，無論你怎麼選擇，你都要明白我會支持你。若遇到障礙，你可以隨時告訴我，我會盡力協助。」我們能贈予身邊人們最好的禮物，莫過於全然的支持與絕對尊重的自由。

若你正身陷以愛之名的威脅裡，即使面對愛你的人，我鼓勵你也勇敢又溫柔地表態：「親愛的——，我知道你是為了我好，所以提供這樣的建議。但這是我的人生、這是我的選擇，而我想要這麼做。你與你的支持對我而言都很重要，我不僅需要你的支持，也需要你支持我的選擇！」幾年前，當我決定要單身一輩子，我對我母親這麼說。當我認真說明了自己的態度，他便再也不詢問我是否要結婚。

許多時候，威脅確實出自於愛，但那些愛你的人不知如何說明立場及擔憂。若你也曾以威脅的成分表達愛意，試著以愛的全新文法來表達。無論是面對伴侶、孩子，甚至父母，我們就以純粹的愛來傾訴吧，只有尊重，只有支持，讓愛就是愛吧。

真的，限制是人生的禮物

二十六歲時，從電影公司離職的我決定創業，我的第一個認知就是「好多限制」。當時，我們三個女生能拿出的所有創業基金，都還不及一部電影的行銷預算。就在毫無資源、媒體、技術相關背景的情況下，這些年來，女人迷一步一步成為華文區最具代表性的女性媒體社群，不僅先後得到美國國務院、BBC、蘋果、聯合國的肯定，讀者更橫跨世界各地超過一百二十個國家，我們創造出我們從未想像過的世界。

我最深的體悟是，限制真的是人生的禮物。

一般看到限制，多數人會覺得這是問題，看到現狀，就覺得膠著，但當你真的臣服於限制，接受當下的限制，你會在限制之中看到宇宙隱藏的祝福與禮物，因為限制帶來的是突破（breakthrough），限制帶來的是想像（imagination）！

當我們能夠擁抱「限制就是禮物」時，就會不再產生各種腦中的負面雜訊，也不讓自己用各種藉口作為暫時安慰的理由：「因為時間不夠，所以我才做不好」、「因為沒有資源，所以才會這樣」，各種「因為——，所以「——」。

相反地，當你開始相信「限制就是禮物」的時候，甚至感謝所有你經歷到的限制，你會發現世界變得完全不一樣了。因為經濟受限，能帶來的突破與想像就會是如何更有效地去做。就因為時間有限，更能啟發我們反覆學習，進一步找到分配時間的方法；就因為能力有限，更能開啟新的學習計畫。

這不是單純的「正向思考」和「負面思考」的差別，這牽涉的是整個「自我認知系統」的重建。

我不會刻意要求自己「正向思考」，當你要求自己要「正面思考」時，那反而成為另一種不自然的壓迫。然而，當你臣服於限制，就明白本來就有限制、有困境、有問題，但你要做的只有一件事——把所有挑戰視為學習機會，把所有限制當作禮物！你可以把所有隱形天花板視為新的立足跳板，把所有的不會都當作「我會」的起點。

如果你能開始這樣生活，你將發現，怎麼每一天都如此充實？每一天都比昨天更好一點，每一天都在成為自己的路上，每天都逐漸成為自己的樣子！

這是你想要的，還是他人的期望？

每次當我到校園分享，常常遇到學生們提出類似的提問：「我現在唸某某系，可是我不太喜歡，怎麼辦？」我總是會接著問：「當時怎麼會想選讀這個科系呢？」多數同學們總是會無奈地說：「我不知道這個系是這樣啊，但分數到了就唸這個。」

我們的社會與家庭環境，給了孩子太多早已有「標準答案」的目標，所以許多人終其一生，都只是在追尋且實現「不明所以」的人生。探索及追尋（pursuit）有本質性的差異。探索是自由的，追尋是有限的。

在我們還不清楚自己是什麼、要什麼的時候，追尋不過是盲目的進程。在還未被自我意識啟蒙之前，學會探索、學會思辨、學會辯證、學會發現，是「成為自己」的重要關鍵。

我在讀研究所的時候，非常著迷地研究社會學家傅柯（Foucault）的理論：權力結構不平等，就會產生相對應的「權力凝視」（gaze of power）下的知識與價值體系。在社會大眾無意識也不自覺的狀態下，人們往往會成為權力結構內的

「客體」（object），必須依照社會產生的「規訓」（discipline）而存活，失去自己的「主體性」（subject）[5]。

每個人各有不同的背景、種族、性別、經歷，理當有不同的潛質、喜好、期望，以及發展。但是，我們的社會很有趣，在某種被控制或不可控的「權力結構」（power structure）下，社會逐漸形成固定「成功樣貌」的論述規範。這裡所談論的「權力結構」，包含且不受限於男性主流（masculine）、親職威權結構（parenthood）、君國與資本主義（nationalism & capitalism）等。

只有主動去建立自己對生命與世界的詮釋，才有機會跳脫既定結構，活出自己的瀟灑姿態。而活在權力之眼下的，不只是女性，千千萬萬的男性亦然，每個人都深陷其中而無法自拔。

無論性別和年齡，許多人都活在不自覺接受且習慣的社會價值框架之中。我們習慣信任老師的建議、遵守父母訂的家規，「迷信」著不知道被誰定義的成功、好看、幸福，甚至是快樂的樣貌。然後，在追求所謂的成功、好看、幸福、快樂的樣貌時，大家只看見「想得到的」、「我應該要得到的」，卻忘記「那是不是我要的」才是最重要的事。

”生命本是探險，而每個人的使命都是發現真切的自己。每個人都值得瞭解自己、探索自己、實現自己，帶著自由開放，沒有任何預設的前提。“

「分數到了就唸這個」就是一種盲目的追尋「我應該要得到的」，但我們的人生絕對不是分數所能夠決定的。

我有一位好姐妹A，他從小到大都是大家眼中典型的優秀女孩，聰明、性感、可愛、大方集一身，個性活潑、熱情又有義氣，是所謂「人生勝利組」的寫照。先是在台灣就讀於第一學府，後來又進入人人稱羨的紐約第五大道公司工作數年，接著又申請上全球前幾名的知名商學院。

5 《知識考古學》（*The Archaeology of Knowledge, 1969*）為傅柯的經典著作，在當代西方哲學上有極高的理論價值。

商學院還沒畢業，緊接著又拿到全球百大企業門票，沒幾年就有了晉升的機會，他的每一步都是實踐眾人想像中的「成功」。

當面臨加薪及升遷的夢幻機會時，對A死心塌地、事業也成功的男友也拿出克拉數極高的大鑽戒求婚，好萊塢的電影情節真實上演，你說，「成功」是否是最適合他的形容詞？

三十二歲的他，同時面對升職又被求婚，一切看似完美。然而，A卻在半夜時分來電。電話中他所說：「瑋軒，怎麼辦？我覺得自己無法和他結婚，而且我也不想繼續再待在這家公司了。我現在才發現，這些都不是我想要的。」

我這個眾人眼中「人生勝利組」的朋友，花了三十二年，追求被長輩及教育體制所灌輸且深信的成功與完美。然而，當他看似擁有一切時，才驚覺「那不是自己要的人生」。他發現，比起大企業，他更喜歡大自然；比起賺很多錢的成就感，他更喜歡簡單的瑜伽和冥想；比起事業成功但忙碌的穩定交往對象，他更希望對方是能共同打造生活，一起探險世界、天天對話的伴侶。

我那位親愛的朋友最終做了非常勇敢的事情：懷抱著對生命的坦率及勇氣，停下所有正在發生的事情，辭去百萬年薪的工作，嘗試「數位遊牧」（digital nomad）的工作型態。

他切換的重心並非只有工作，甚至退回一顆鑽石戒指、斷然地分手，真正給自己時間和空間思考「我想要什麼」。

我讚嘆他的勇氣，而他卻說：「瑋軒，我很害怕。我不知道自己想要什麼，只知道我不想要什麼。」在新生的認知之前，他迷惘、焦慮、害怕著，但從未放棄內心追尋，靜心扣問自己問題。之後在某一次聚會，我從他眼裡的風采、說話的語調，我深刻地確知，他真的就是他了——他成為了自己。

放棄那些「社會大眾及親朋好友」希望的選擇，靜心傾聽內心的聲音與渴望，奮力為自己想要成為的戰鬥。現在的他，放假的時候不再夜店跑趴，而是在鄉野攀登一座又一座高山，現在的他健康並且快樂，而那是他真正想要的。

這是我親眼見證過的非凡故事。A的選擇，讓我深刻理解，這就是一個人可以給自己最好的禮物——給自己時間，給自己時間勇氣重新發現自己，勇敢地成為自己。

親愛的，勇敢為自己的生命戰鬥吧！

給自己時間，找到自己想要的！

女權需要連結、男權必須革命，同志們仍需努力

屬於A的故事，我希望啟發的不只是女孩，還有男孩。因為「給自己時間，找到自己想要的」是每個人都需要練習的事情！

為什麼我會這麼在意「性別」這件事情？因為當你戴上「性別」這個「有色眼鏡」，你才開始察覺原來生活當中有這麼多理所當然與以愛之名，是應該被改變的！很多人問我現在不少國家都已經有女總統了，該滿足了吧！你還想要怎麼樣？我總是笑笑地說：「現在才剛剛開始而已。」

現在，這門課題才剛剛開始而已！（現在要開始進入有點困難、不太好懂的部分了喔！）

接下來，「多元與共融」（Diversity & Inclusion）會是不同社會需要學習與創造新經驗的方向。接著，我們還要鼓勵更多女性經驗真誠地「告訴」（storytelling）與「傳承」，LGBTQ們的戰爭才剛剛開始，而男權更必須要開始啟

蒙與改變！

我追求的是多元與共融！追求「齊頭式平等」從來不是我的目標，在生物學上，「男女平等」就是一個不可能的實證，彼此的身體構造大腦系統全部不同。在社會改革之前，人們必須認清限制為何，才有可能真正的突破。

我們最要避免的是「表面上平等」，但實際卻是以「男」性偏誤作為架構的體制。譬如，廁所的設計，就算男女廁所都設置「一樣」的數量，還是沒有辦法解決問題。因為根據研究指出，女性使用廁所的時間，是男性的二點三倍，表面的平等不是真正的平等，只有承認每個性別的「不同」，才有可能創造真正共融式的理想世界。

男、女本就有別，光是生理條件就有顯著的不同。以生物學角度來說，雄性生物力氣普遍較大，雌性生物力氣較小，這是一種科學事實。網路上曾有人討論，女性是否該讓男性幫忙拿重物，這是否又是濫用「女權自助餐」。

對我來說，誰拿重物和女權無關，而是作為「生物」的先天能力及個人意願的組合選擇。例如，若是一位成年健康女性、一個老年瘦弱男性，以生物角度，拿重物的就應該是那位成年女性。同理，如果是一個瘦弱的男性對比一個強壯的女性，也能以相同邏輯判斷。

一個女性拒絕讓男性拿包包，也許出自女權意識，也許他覺得自己拿得動。然而，我從來不曾因為我「拿不動」重物，而覺得請男性幫忙就是「示弱」或「女權濫用」，因為這只出於很簡單的生物事實——「這個重物超過我的負擔，請問你能協助我嗎？」

同理而論，任何人當然都能「自由地」選擇拒絕或協助。假如你是較為強壯的那一個人，但個人意願並不想協助對方，當然可以直接拒絕，不要違背自己的意識去作任何事。而親愛的女孩們，如果你拿得動，我也希望你能自己肩負重量，拿好自己的包包。

如果要追求「平等」，要追求的是透過政府、社會機制、公司體制、教育環境設計的各種努力，讓不同性別的人們也有相對平等的「機會」，如受教權、選舉權、同工同酬、升遷機會，拒絕與接受的方式。無論女性、男性、各種性別認同的人們，都不需要委屈自己。所謂「自由」，就是可以由自己的意志出發，並為自己做出決定。

不再假裝職場裡能適性發展，而性別不是個問題

真切呼籲有更多女性的職場工作者一塊站出來產生連結，大聲說出自己的故事和經歷。

身為女性工作者，你如何同時處理疼痛不已的生理期，並應對跨國會議的壓力？你如何面對來自職場及家庭壓力，如何應對自己的工作表現比另一半更傑出？你如何面對永遠無法一起抽菸、開黃色笑話的高階主管男性私交圈，但仍得談笑風生地優雅以對？

你的應對如何不被視為「過度反應」，但又能堅定表達自身立場、贏得晉升機會？你該如何面對有意無意的性騷擾？你該如何處理被挑動起來的同性競爭與嫉妒環境？你該如何幫助自己面對前方欠缺角色楷模的徬徨？這些提問都和性別有關，我們不該再假裝職場能適性發展，而性別不是個問題。

如果這些問題，沒有人提出，沒有人願意主動討論，那只是讓更多人必須孤

軍奮鬥。如果這些問題，我們避而不談，這些問題只是一代傳一代，因為其他成功的經驗無法傳承。所以我們必須要連結不同的女性、男性、同志、更多不同性別的故事，才有機會改變歷史。

幾年前，我透過「女人迷」嘗試在台灣舉辦全球女性影響力論壇（Global Women Leader Summit），邀請各方不同世代的女性領袖站出來分享生命經驗，不再否認自己是「女性」的事實，更多人坦承他們有點脆弱、有點格格不入的曾經，一同討論如何克服困境。

不只在這個論壇上，而是在這個世上理當看見更多全職母親、全職父親討論他們的人生選擇，討論這些選擇後的快樂與不快樂。甚至，若這些選擇要適用於大家的生活形態，背後又需要哪些社會心理建設與基礎設施（infrustructure）的支撐。

在《未竟之業》一書中，作者安．瑪莉．史勞特（Anne-Marie Slaughter）呼籲，女權運動的下個階段是男權運動。「所有男人不單需要，也應該要開始一場針對他們的生活與個人狀況所進行的一場革命。因為如果要達到真正的男女平等，我們需要一場男權運動，掃除性別角色的既有設定。」

有自信的男性，不需要因為選擇「家庭主夫」的生活，而覺得抬不起頭、覺得減損男子氣概；願意投入許多時間在家庭上的男子，並非為了得到「原來你可以是好爸爸」的讚譽而選擇這麼做；願意支持性別運動的男人也不該被視為「不合群」，因而選擇沉默。一位在職場上叱吒風雲的女性，也不必因為薪資比丈夫高，而婉轉接受「也許你該低調一些」的建議；一位選擇當全職母親的女性，也不必深感自己不如其他職場女性積極向上而遺憾。

安．瑪莉．史勞特在書中指出，百分之十五至二十的男性讀者來信提及「男性問題」，不謀而合的，「女人迷」也有相近的比例族群。讓我們大膽假設，這世界上有百分之十五至二十的男性希望理解現有的性別問題，也願意推動改變，但他們在社會風氣下只能選擇沉默（現在願意表態支持的男性可能不到百分之三，而且在議題上表態仍是有選擇性的）。

過去，我有些男性友人會直接私訊我表達對女人迷文章的欣賞，然而，一旦我邀請他們分享轉貼，他們總是立刻惶恐地地拒絕：「不行啦，這樣太娘了」、「哎唷，我會私下丟給需要的人，男生分享女人迷文章不好啦」、「下次較為嚴肅的文章再分享啦」等。

大部分男性仍害怕被定義為「不夠陽剛」、「不夠嚴肅」、「不夠tough」、「不夠大男人」、「不夠帥」（不論是個性與外表的帥）。許多男性「也必須」

活在假裝與自我包裝中。

在意他人眼光的、受到他人眼光左右的，真的不只是女性，許多男性亦深受其害。有多少男性，窮盡一生只能不斷追求成為（別人眼中的）「真男人」？身高多高、財富狀況如何、家庭背景夠不夠硬、所學科系是否有前景、是否有才華、有沒有個人風格及品味、對另一半夠不夠體貼、對事業能否積極努力、出手夠不夠大方、說話又夠不夠大器。

讓我們承認吧，其實受到壓迫的男性，或許並不亞於女性。更慘的是，他們還不知道該如何勇敢坦率的說出來。

說到底，性別運動為何與你息息相關？

直到大學上了林維紅教授的課程，我才聽過「性別」這個詞。從小到大，我就對「作為一個女生」有很大的興趣，所以念了歷史系，因為我想知道「女人」如何將自己活成「現在」這個樣子！

後來，研究所當了性別本科生，念社會科學，才發現「性別」作為一個學科至關重要！（我在此慎重呼籲，性別與哲學都該列入十二年基礎教育課綱！這兩門課能有效開啟學生思考「我是誰」、「我能是誰」、「我想成為什麼」）。

許多人以為研究「性別」（Gender）就是「女權至上」。

近年女性也得到充足的發展空間，看似應該「已經夠了」，所以很長一段時間，許多人認為女性主義只是讓女權無限上綱，進而產生「反女權主義者」或「反對性別主流化」的強烈反擊式言論（backlash），讓「女性主義」成為有負面意涵的標籤，暗示主張自己是女性主義的人就是自以為是、特別難搞、為了反對而反對、鼓動社會對立的麻煩分子。

能夠與「女性主義者」一樣被貼上「難搞」標籤的，早期就是「環保或素食主義者」了吧。這兩者有個共通性：當這件事情成為某種值得宣揚的主張時，而且與社會的「多數」都相左時，就會被註記為「難搞」！當你與多數人不同，當你是格格不入的少數，你所得到的「那個標籤」往往不是太正面。

「性別」作為一種學科，作為一種專業，作為一種角度（perspective），

「性別學」代表的是如何系統化、結構化地去理解、看見，進而解構世界權力動態關係。「女性主義」本身就有不同流派和立場，就像光譜的最左及最右。理解之後，我融合自己的生命經驗，其中我最認同的是「後現代女性主義」（Postfeminism），講究的是多元與共融，強調在地化經驗，而每個人的生命經驗與目標都不一樣。

透過性別的角度，我們才有機會「解構」（deconstruct）看不見的權力關係。透過性別的角度，我們才有機會理解「多元和融合」之中相對弱勢的非主流聲音，讓當權者／當局者能更進一步處理過去不會被大眾發現的問題！

> 若民主是「求同」，性別就是「存異」，是重視每個獨立個體找到自身價值和意義的基礎。

為什麼「性別比例問題」這麼重要？很多人相信，如果性別代表不足，就無法看見不同族群的經驗與需要！當然，回到問題本身，並非生理女性就肯定有「性別觀點」，那是需要練習的特殊視角，得要看透那些「理所當然」！

性別化的經濟學，能夠看見家庭主婦的無酬工作量與經濟價值；性別化的政治學，能夠察知性別上的比例不足，會影響立法與社會制度的設立，而性別資料的缺口，讓政府決策長期忽略社會的「現實」；性別化的醫學，則能夠讓醫生看見不同生理性別的身體需求、疾病表徵不同，能減少誤判和對症下藥（是的，長期以來，西方醫學的疾病研究基礎是以「典型的七十公斤白人男性」為基準）；性別化的傳播學，能點出媒體塑造的刻板性別角色；性別化的教育制度與經濟發展綜合比較，能讓我們看見何以醫學院、法學院在校生男女明明比例相當，但過了三、四十歲後，女性的工作率卻下降至少百分之二十。

這些問題看似難解，但只要察覺問題的存在，便有了機會解決，總有機會讓世界變得更好一些！

性別的問題，絕對不僅是「女人」的問題。性別關乎「多元觀點」，關乎能否理解、包容、傾聽「他者」（the other），進而對話，並深知、承認世界不該僅被特定「主流」思想所主導。

關於性別的問題，就是「人」對於「整體社會環境」的認知問題。性別的問題，其實是每一個人面臨的問題。我們要追求的不是男女平等，而是每個人做自己的自由。

關於性別與科技，我們的未來會是什麼？

如果不重視「性別」，不重視「多元與共融」的重要，我們身處的社會秩序就可能會被「某種看不到的演算偏誤」所決定，而演算法背後預設的「人類」可能只指涉白人男性，這正是現今發生的事情。

當我們進入高速又失控的AI世代後，當人工智慧由「大數據」推演出各種決定，當數據都有性別資料缺口（lack of gender statics and data）時，你覺得最終「高科技」的社會將是怎樣的世界？若你並非「典型的白人男性」，那個由演算法識別的世界，很可能沒有你的立足之地！

二〇一五年，谷歌的照片服務透過機器學習技術的圖像辨識功能，把一張有黑人男性與女性合照的照片標籤為「大猩猩」，引起軒然大波，當時谷歌發言人立刻道歉，說明會加強圖像辨識「深色皮膚」，避免未來的類似錯誤。谷歌也在二〇二〇年二月公布旗下的圖片辨識工具服務，將停止標示「男」或「女」而改以用較曖昧的標籤「人」，避免加深性別偏誤與假設。

二〇一九年五月，聯合國教科文組織一份研究報告指出，Siri與Alexa等「智能語音助手」在面對女性主義或「#metoo」性騷擾等相關敏感問題時，會刻意做出「模糊溫順」的回應。如果你問Siri是否為女性主義者，Siri會選擇「保持中立」。而蘋果開發人員被指定的三種回應規則為：不參與討論、轉移話題或不帶主觀意見的奉告。

有人說保持模糊、假裝中立的立場恰到好處，與許多政治人物一樣。

然而，若不言談「性別」這件事，難道問題就不存在嗎？也有人質疑，難人類都已存活幾千年，在鋼鐵、砲彈、病菌、溫室效應、海洋污染、登陸火星的時代裡，性別的問題有這麼重要嗎？

我再強調一次，性別的問題真的至關重要。性別不僅是過往、現今的問題、更是關乎未來的問題！性別是多元共融的關鍵，而我們必須擺脫性別框架，徹底展現人類社會可造成的最大影響力。未來只會離我們越來越近，科技的發展也不會停止，而「人工智能偏差」（AI Bias）是既存的巨大挑戰，而且大多數與性別、種族有關。

前微軟全球執行副總裁、微軟人工智能負責人沈向洋在幾次公開演說中，揭露人工智能與性別二元論（Gender binary）的問題。以ＡＩ演算法分類「她」和「他」，透過谷歌等平台得到的巨量資料，根據人工智能的演算法表示「她」是護士，「他」是醫生（she is a nurse, he is a doctor），預測女性說出「我的天啊」時，男性則是會說「喔媽的」（she say OMG, he say WTF）。然而，讓全場觀眾爆笑的高潮點是：「她」是一個女性主義者，而「他」是現實主義者（she is a feminist, he is realist）。

你是否笑得出來呢？我理解笑點，但我笑不出來，這並非不幽默（幽默可是我的關鍵風格啊），而是這個大數據的結果對我而言確實不是笑話。

沈向洋一邊演說，一邊笑說此演算結果與微軟無關，因為他們大量在網路採樣，而資料之中本來就有「固有偏誤」（inherent bias）。如果我們對資料採樣沒有性別及多元文化的意識，有可能讓膚色偏黑的孩子會被定義為猩猩，小女孩要進行未來工作配對，是否只能面對護士、祕書、老師選項？因為人工智慧認定，這些就是對女生最好的工作選項。

沈向洋博士最後也提醒，若人類無意識地直接採用這些觀點，不排除掉人工智能的偏差，人類就有大麻煩了！相同道理，那些人工智能「偏差」，便顯現了當今社會意識的「偏差」。要解決人工智能的偏誤，需要先解決資料的問題。在未來來臨之前，人類必須正視「性別」之重要，唯有如此才得以創造「多元」與「共融」的未來。

舉例來說，關於汽車的設計，汽車產業長期忽略「女性作為駕駛者」的需求。在車禍的比例上，女性重傷比例比男性高出百分之四十七，女性的死亡率也高出男性百分之十七[6]。差異在於，汽車駕駛座多是為了「男性」設計，而模擬車禍用的假人也很少採用女性身體數據，歐盟新車安全評鑑委員甚至承認了，「有時候我們會用『等比例縮小』的男假人代替女假人。」

從古希臘時代開始，醫學界與科學界都以為「女人」只是「縮小版」和「無陽具」的「人類」（或是將女性身體視為『殘缺的男性身體』）。事實上，女人

6 女權運動者佩雷斯（Caroline Criado Perez）之著作《看不見的女人：揭露以男性為本的世界潛藏的資料偏誤》（*Invisible Women: Exposing Data Bias in a World Designed for Men*，中文書名暫譯）。

的肌肉、骨骼結構、心臟基本力學運作、肺容量，以及細胞運動等等，全都與男性截然不同。

雖然面臨許多重大問題，但我仍極為樂觀！在人類歷史與文明發展的每個重大階段，每個時代的改變中，都得重新定義「人」是什麼，「文明」又是什麼。

AI時代的來臨，顯現性別資料缺口的風險與偏誤，也為我們帶來「人類」重新想像的可能。因此，我們的「現在」尤其重要！我們現在所做的每一件事都可能重新塑造新時代的風向。

我曾向台灣的科技趨勢家葛如鈞請教關於「性別與科技」的看法，他給了我一段富有哲理和詩意的話，為我帶來許多思考。「人類要持續當AI的老師。我們好，AI會比我們更好，我們壞，AI也會比我們更壞。慈悲是，偏見也是。所以在新的AI進步時代來臨之前，我們人類得先讓自己進步。」

我深深切切地盼望，甚至可說是我窮盡一生的最大志願，就是讓大家看見「每個人」的重要，讓你知道：親愛的，你好重要。

在驅動科技發展的時代，我特別希望人們能夠重視「每個人」的觀點，強調「性別流動」與「多元共融」的重要性，因為那不只影響我們，也影響未來幾個世代的孩子。而且我盼望未來的孩子，每一代都只會比我們更為自由、更為快樂。然而，他們的未來卻被我們的每一個選擇所定義，足見我們這代人的素養和生命教育何等重要。

我們這代人的選擇，不僅決定了我們這代人的素質，更會直接影響到未來數代人的生活。

4

現在的你，過著理想又可愛的生活嗎？

快樂是當你所想的、所說的、與所做的，
都是和諧一致的。

——甘地

對我來說，生命中最重要的，就是要回到生活裡。

有目標很好，但是更多時候，當我們眼裡只有「目標」的時候，可能會忘記「生活」的重要。創業初期我常常廢寢忘食的戰鬥，好幾年後才發現「真正的活在當下」，是要把生活過好，是要把自己活在四季時間裡，是生命中有可親可愛的人圍繞。除了有偉大的目標，每一天把自己過好更是重要。

這幾年的創業生活，為了推廣企業與理念，我常需要參與活動或到各大校園演說。身為「女性」創業家，在Q&A時間最容易被問到的問題，是「如何做好家庭與工作的平衡。」

先不細究為何這問題為何往往是「女性」被提問，我們先來談「時間」。對我來說，時間是地球上最「客觀」的存在，我們都活在時間裡，所以讓自己好好地活出屬於自己的時間，就是「做自己」最重要的功課。

我開始深刻理解到「時間」的重要性，是在幾年前的一次人生低潮期。當時，我學習靜心、嘗試冥想，學會享受失敗的快樂，學會如何活在人生不如意十有八九的八九之中，仍能保持如意自在。無論外在環境有多少困頓與苦難，仍要學會享受一切，歡歡喜喜地養成自己的性格，在自己的時間裡好好生活。

我也因此發現當一個人成為自己的時候，心裡只有平安喜樂，內心不會存有不安，及對他人的嫉妒。因為，當你發現自己的價值時，你會理解到——你是這宇宙獨一無二的存在，你是這宇宙上各種現象千萬種情境交會貫穿的唯一可能，你是在這個時空裡僅此一次一期一會的存在。

當你明白「你」之於你的生命是如此重要，相信我，你必定能察知你這一生最重要的任務——窮盡一生的力量發現自己是誰，知道自己是什麼，勇敢的為自己活一次。

工作不只是工作，工作就是愛的具體化

生活中有可愛之人，我們能有時間去愛以外，不能否認的，工作其實更占據我們的大部分人生。尤其隨著科技的發展，讓工作跟生活變得更難以切割，這時候更是我們每個人的機會，我們有機會可以好好的花時間瞭解自己究竟想要的是什麼，才能讓我們的工作時間變得更有意義！

我們公司有幾條工作上的原則，其中一條是「工作是愛的具體化」（Work is Love made visible.）[7]。更進一步地說，工作就是「我」的具體化。透過工作，我們傳遞「我是誰」、「我是什麼」，我們每一個人都能將自己活得像日本職人那般氣派自信。

”如果你的工作就是你熱愛的日常、追求的價值，那工作時就是讓生命變得有意義的重要時刻，工作可以就是你的「一生懸命」。“

有人會說「我不知道我的使命是什麼」，這也沒關係，就先將你的工作時間變成「自我探索時間」。透過工作，來瞭解自己喜歡什麼、不喜歡什麼，擅長什麼，又不擅長什麼。

有人會說「我現在什麼都不會」，即使明白自己的使命，仍無法「馬上去做我想做的那件事」。那也沒關係，但你得有足夠的耐心與韌性，將工作時間視為「自我學習的時間」。每一件事必有可學習之處，別輕忽自己完成的每件事，從中理解學習。或許有人總是特別幸運，自知使命為何、也在往那方向邁進、成就了，那你更要將工作時間變成「自我實踐」。

然而，要特別注意的是，使命感與熱情，都不是一碰就有的開關（on & off）。使命感與熱情，如「愛」一般，會有高低起伏流動的能量狀態，會有澎湃也難免會有低潮，此刻你更需要學著覺察自己的狀態，進行能量管理，並學會如何在低谷時仍保持盼望。

當你做著有使命感、有熱情的工作，當你過著熱愛的生活，並不代表你不會遇到挫折、不會感受到低潮和失落。反而，當你越在乎，你越有可能感受到不如預期的困境。這時候，記得萬物都像自然一樣，有它的時間、它的節奏。你要做的只有一件事：觀察自己，讓那些時刻在陪伴你的同時，為專屬於你的時間中建立生活的節奏，進而活在自己的時間裡。

7 摘自紀伯侖著作《先知》：「而我說生命確是黑暗的，除非有著熱望；所有的熱望都是盲目的，除非具有知識；所有的知識都是無用的，除非有工作；所有的工作都是空虛的，除非有愛。」

珍視生活中可愛之人，快樂加乘

除了活在屬於你的時間裡，也要重視生活圈的人們。無論你的家庭狀況、單身與否、有多少好友，給自己機會與不同的人相處，珍惜人生給你美好的機緣，要讓你發掘他人及世界的可愛。

愛是造就一切的力量，我們要勇敢去愛，不只是等著被愛！

夢田文創創辦人蘇麗媚，是我的恩師之一。他是一位有傳奇色彩的女性，曾是演員、媒體集團的總經理，被譽為台灣偶像劇之母，開創無數新型態文化IP，致力培育年輕人。許多人問他如何完成這些偉大事業，他的回答，也同時成就我探索已久的自我提問。

他說：「對我而言，做好一個女兒才是非凡的。做一個妻子和母親是大事，而做一個執行長是最平凡的小事。」他甚至跟我說，他曾在工作上投入許多時間，後來重新調整自己，才找到與身邊重要人們更適切的相處辦法。對他來說，「學會怎麼做好一個女兒」才是一件真正非凡的事情。

他說的那段話，讓我頓悟，當時我花了絕對爆量的時間在工作上，但其實那完成的還只是一個很簡單的事情，然而，我如何讓生命中重要的人感到他們對我來說真的很重要，這不僅考驗決心，更需要智慧。

我另一個恩師Clark曾任全球四大會計事務所的台灣區總裁，大家都稱他為「超人克拉克」。身為工作繁忙、應酬為日常的超人，在退休之前，他每天都會花三十分鐘陪老婆散步、聊天。老師笑著跟我說過：「我在外面打拼，太太在家裡也為我打拼。我在外面要向客戶解釋說明，回家就聽我太太向我解釋說明。太太的說明很重要，那是他每一天的經驗，我一定要聽的啊！」我忍不住問，他是否有太忙而無法好好聆聽的時候，他反問我一句：「你真的這樣會因忙碌而無法聽對方說話嗎？」

他說：「我從來不會說自己忙，因為時間這種東西，就是只要你願意，你就能安排出來的，所以從來不是忙不忙的問題，而是有沒有意願的問題。」他繼續笑著說：「我的太太對我來說很重要，所以當然一定有時間啊。」

”如果這個人很重要，當然一定有時間啊。
是啊，親愛的，請把時間花在重要的人身上！“

作為他人的「伴侶」，兩人關係的維繫也絕對不容易。一段關係並非只有愛意的成全，還有柴米油鹽醬醋茶、彼此的原生家庭、及彼此的期待和需求。所以為什麼大家都說戀愛容易相處難，交往容易婚姻難，因為婚姻關係讓愛沒有辦法地多了另外的責任及義務，與另一半建立互信與溝通關係時，也要同時成長，更是難上加難的課題。

作為一個父親或母親，更是難以想像的難題。在累積教養經驗之前，就得對另一個生命負責，難以避免的世代差異、認知鴻溝，家長和子女的關係是一條艱難的長路。

要當一位好主管、好老闆也不容易，夥伴跟隨著你前進，你要超越個人的情感需求，給予部屬理性且客觀的建議。你始終不能忘記的是幫助他們成長，而非追求自己被喜歡。

在關係之中，越是重視的人們，相處更加不容易，因為越在意越容易產生摩擦。然而，蘇麗媚老師及克拉克老師為我帶來提醒，為我帶來解答，曾經沒日沒夜的創業日子，並不是我想要過的生活。我學會主動關愛我重視的人們，讓自己的生活被這些可愛人們所圍繞。為自己建立有意義的人際關係，因為他們很重要，而創造回憶及生活價值也重要！

如果你真的很忙，就為你重視的人們留下「有品質的時間」，質量比數量更重要。有品質很簡單，在那段時間，非常、非常專注的只跟你重視的人相處。譬如我跟別人吃飯絕對不看手機；譬如我無論再忙，但只要家人朋友有絕對的需要，我絕對會立刻放下手邊的一切，衝到他身邊；譬如無論再累，我每一天都會跟我心愛的另一半親吻擁抱說話。

重視生命中可愛之人，最重要的是，不只被愛，我們要勇敢地付出，勇敢地去愛。不只是想著得到，而是積極地去創造。

以儀式感來創造自己的小宇宙

照顧好別人，也不要忘記照顧好自己。勇敢給予的人，更需要關照自己內心的需要。

喬治．蕭伯納曾說過，「生命的意義不在於找到自己。生命的意義在於創造自己。」若對自己有更深的瞭解，就更有能力創造屬於你的理想生活。對我來說，創造理想生活，最簡單的方式的方式是打造「儀式感」。每個人都有能力透過覺察、觀照，更認識自己。

坊間真的已經有非常多的書在討論「儀式感」，但因為這是「我的」儀式感，所以我給予它屬於我的專屬定義。對我來說，儀式感的重點不是「儀式」，而是一種自我與世界的覺察與連結，而且是專屬你的獨一無二。

> 「儀式感」是一種能力，關於你是否有能力感知覺察自己的渴望，並為自己的生活創造專屬於你的節奏和樣貌。

在未深度覺察和自我創造之前，花錢買有質感的餐盤杯子、點上香氛蠟燭、出門時穿上最好的衣服、抹上名貴的香水，這些情調或小確幸都只是「表現形式」，甚至只能算是「例行小事」，而非與精神關係有深度連結的「儀式」。

「儀式感」和時間有關。《小王子》的狐狸對小王子說，你最好每天於固定的時間造訪。比如，你下午四點來，那麼從三點開始，我就開始感覺到幸福，時間越靠近，我就越感到幸福，這是一種馴養，也是一種儀式。小王子問：「儀式是什麼？」狐狸說：「儀式就是讓某一天與其他日子不同，讓某個時刻與其他時刻不同。」

當你創造出生活的意識感時，就能為自己的時間下定義，你因而與世上人們都不同。一週七天，不再只能被動面對憂鬱週一、狂歡週五。對於「時間」，你可以積極打造屬於個人的詮釋，你不再「被動地」接受時間的限制，而是開始「主動地」活在你想要的時間感。譬如，如果你問我的團隊夥伴「瑋軒最喜歡一星期中的哪一天？」每個人一定都都知道答案是星期一，因為星期一代表的是全新的一週，無論上週犯了多少錯，這又是新的一週！

設定感知境界，創造面對生命的姿態

「儀式感」也關乎你所在意的人事物。《紅樓夢》中的「黛玉葬花」就是一絕，花謝花開，有人看到花開之美，有人看到花謝之匆匆，但黛玉看見「生命」

的短暫與漂泊，看見「珍惜」的難得與期盼。因為他的種種在意，所以才特意以絹袋包起花瓣，埋在土裡做個花冢的葬花儀式。透過葬花，黛玉得以慰藉自己。儀式感，不僅是你專屬最獨一無二的經驗，儀式感也是我們對於這個世界的最高感知境界。

「儀式感」和「你對世界的詮釋」、「自己的選擇」有重要的相互關係。你想要以什麼態度去面對自己的生命？經典電影《第凡內早餐》中，讓人記憶最深刻的就是女主角奧黛麗．赫本帶著一杯咖啡及可頌，到Tiffany櫥窗前的畫面。期待和自己的美好早餐，便是「儀式感」。對他而言，早餐不只是吞嚥食物的過程，而是藉由過程帶自己到渴望的地方，帶著這般的敬畏和期盼，無論面對何種生活轉折，今天的他都能堅持下去。

我最近就為自己的書房取了一個名字，「日日齋」。這個名字呼應的是我對自己待人處事的期待，我想鼓勵自己重視每一天的重要性，期許自己做到「苟日新，日日新，又日新」，透過為自己的房間命名來提醒自己面對生活的態度。你知道嗎？當我為這小片天地取好名字，我還真的常常會在低迷怠惰時，想起這個書房的名字，都能感受到一種精神鼓勵，讓我重新振作起來。

除了書房，我也和先生為我們居住的家取了名字，「平常屋」。關於取名，我們討論很久，它不是日日齋，而是我們整個「家」的中心思想與核心價值觀，當我一提及「平常屋」，突然之間，我們兩人都知道就是它了！這正是我們都想要的，提醒我們自己常保平常心，寬以待人。在這個屋子裡，我們能一起體驗春有百花秋有月，夏有涼風冬有雪的自然天倪之道。

你想要成為什麼樣的自己？透過生活，活出那樣的自己！

日常的怦然，透過科學的誘因打造

若以「大腦神經學」（Neuroscience）的方式來解釋，「儀式感」則是一種建立生活邏輯的方式。在特定的時間點、事件前，為自己創造一個大腦迴路的誘發點（cue），完成後再給自己一些讓自己怦然，甚至感到幸福的獎賞（reward）來強化自己對某事的投入，增加自己對這件事的正面效應。

「儀式感」不只是「感覺」的建立，而是非常科學的過程，能用來設計自我獎賞及精神鍛鍊。關於日常的怦然，每個人需要不同的觸發和方法，甚至不同的獎賞。更瞭解自己時，更能有效設計出一套適合自己的方式。

儀式與時間，關乎你在意的、你的詮釋、你的理解。我是非常依賴儀式感的人，在最失意的那些時光，儀式感陪我度過無數憂鬱低谷。有一段時間，我活在強烈的自我厭惡中。在公司裡，我要自己強打起精神，振奮人心，讓同仁們感覺到正向能量，卻在回家後身心皆處於精疲力盡的狀態。反覆的刻意正向、疲累不堪的過程中，讓我活得掙扎矛盾。

後來，我每天為自己設立十分鐘的「魔幻時間」（這是我個人的命名，你也可以為自己的儀式任意命名。我想你已經發現了，我是一個喜歡給萬事萬物取名字的人）。吃完晚餐後，我就給自己十分鐘整理一個櫃子。

「設立十分鐘」的原因，是因為那是相對短暫的時間，無法為自己找藉口而不為。為何是「一個櫃子」？因為當時的我對自己絕頂失望，認定自己一事無成，於是為自己設立具體的目標，只要動手就能改善之事。

整理了一天、兩天，三天之後，魔幻時刻竟成為我一天最重要的救贖。透過這件事，從零開始，我每天為自己累積少許信心。長期的積累讓我慢慢找回自己、找回自信。不論是每天早上鋪床、冥想，或是為自己做一份早餐等方式，都可以建立屬於自己的救贖時光。

你也可以打造自己的「音樂儀式」。音樂之於我，有場域設立、分隔的重要性，我為自己設立各式各樣的歌單，於不同的場景使用，為大腦設立誘發點。譬如我有「晨醒歌單」，一進公司我就先撥放這個歌單，它能喚醒我的大腦，直驅專注的工作狀態。我的「點子歌單」則是每次需要思考時，能助我直接進入腦力激盪的心流之中；另外，「演講自信歌單」則用於每次出發至演講場合的路上，那份歌單能夠直接增加我的信心（我的祕訣就是收錄各種振奮人心的電影主題曲）；像現在，我正聽著「寫作歌單」，一邊聽、一邊感受到自己文思泉湧。音樂，是我每天的重要儀式，隨著不同歌單的情感和樂聲，我的大腦就可以直接進入到不同的狀態，而且當你越常使用它，它就越能訓練你的大腦接受這個暗示。

日常的飲食也能成為你的儀式感。

在工作場域中，咖啡和茶是我給自己的獎賞。每天早上一杯小農牛奶咖啡，我能為從容、講究的生活感到快樂；每天下午，為自己泡一壺紅茶，忙裡偷閒之餘，也要擁抱自己喜歡的品味時光。有時候，當日的狀況很好，這個時光就是給自己的寵愛與回饋；狀態不好時，我也會告訴自己，先好好享受那杯咖啡、那壺茶，那般優雅的態度便足以面對世界。

在新冠狀肺炎病毒肆虐而遠距在家工作的時期，剛好是春天，我每天便有更多時間以玫瑰花瓣熬煮紅棗紅糖，或手作桂花蜜飲，作為我春天的飲品，準備好進入工作的狀態。

我還記得剛踏入職場那一年，我還為自己設立了「好心情收件匣」，當我得到老闆、上司或同事的稱讚時，我就會將那個郵件存至「好心情收件匣」。往後，每當我在工作遇到挫折或低潮時，我就打開收件匣，看看我曾將哪些事做對、為自己重建信心。現在創了業，讀者及朋友們寄給我們的信件或手寫卡片，就成為我最寶貴的力量庫（真的，多寫點來吧）。

「儀式感」是讓生命經驗「特殊化」的態度，為自己量身打造對生命選擇的詮釋，而你的選擇也會體現出你如何看待生命。對很多人而言，儀式感是讓特定日期與其他日子不同。生命中往往只有少數的特別日子，但在我的生命經驗中，你能讓每天都不同，每天的獨具意義都如此特別。

以「儀式感」來整理生活，專注看待自己所渴求、目前所經歷的事，就夠創造理想生活，進一步深刻體驗每天帶來的那一份特別的祝福。選擇的總和，就是你的生活。

每一天，就是那個最好的一天！

我之所以是我——時間積累下，我的存在價值

要抵達每天都能享受生活的境界，聽起來像是遙不可及的理想。身處超級快速與衝突的網路時代，光是應付工作、家庭、社群網路上各種訊息及極端立場，都來不及了。在資訊量爆炸的時代，我們永遠有做不完的事情，時間管理是現代人永遠的課題，哪有時間能深度思考「儀式感」？

如何以儀式感過生活？

「時間管理」（time managment）絕對是基礎課程第一堂。但我一直覺得，時間管理的本質，並不是用「管理」的方式來處理時間。

想想看，如果是用關鍵指標（用更少的時間做更多的事）、優化流程（用最少的時間做最好的事）、建立可規模式複製的發展方式（壓縮成本創造利潤空間）來理解時間，這生活該有多可怕？

至少，這不是我理想中的工作與生活模式。我們若永遠只要求自己「越快越

好」，被時間追著跑，那是多令人焦慮的事情？

我們的存在無法與時間切割，因為我們的生命就是時間的積累。對我而言，時間管理的本質是覺察與實驗，這個覺察與實驗的主體，都與「我」有關。主動地覺察，建立我與某件待辦事項的「關係」意識；主動地實驗，設計可行的方法來覺察、調整，並校準，改善原有的關係狀態。

時間管理的目的，並非於有限時間內完成比別人更多的事。時間管理和他人無關，你的生命和別人無關，重點不在於比較，請回到「自己」。重點是活著的時間裡，你如何透過實驗與覺察，進一步瞭解自己因哪些人事物而感到滿足、感到快樂、感到緊張，感到幸福。

時間管理的終極目標不是獲取，而是我知道我是什麼，我成為什麼，完完整整地活在時間裡。

真正的活在時間裡，而不是被時間追著跑，不是感覺時間是一種外在壓力，而是真正的活在自己生命當下的每一刻（live the moment），那是種完全不同的生活感受。

▨時間管理的練習

◆第一步——覺察

「覺察」是一件需要練習的事情。當我們非常熟悉向外連結時，只專注於網路世代的即時性，我們習慣於接受外在刺激，卻不太容易探究「自己」的真正狀態，因而無法覺察自己與時間的交互作用。覺察的重點，在於凝視自己、觀察自己，自己與自己所為的「關係」。

■**你和這件事的關係理解**：第一個面向，請簡單思考「做這件事情需要多少時間」，先對它有客觀的理解；第二個面向，開始想「『我』做這件事情需要多少時間」，進而探討「我」、「這件事情」，以及「時間」的相互關係；第三個面向是「我覺得這件事情，和什麼事情有關」，將單點的行動事件，進行不同的時間維度思考，擴大自己對此事的理解。這三個面向，也隱含著你如何同時活在現在、過去、與未來的可能。

■**你對這件事情的理解程度**：關於時間管理，最大困境是認知自己需要的時間，和實際上需要的時間不一致。「不一致」可能肇因於外部或內部因素，但首先要理解的是「自己可以控制」或是「自己不可控制的」的原因，這包含了你對事物的理解與掌握程度。

■ **你對這件事情的投入程度：**在一項任務中，有時我們會忘記了時間，而進入一種工作的心流（flow）裡，即為「投入」。有時你能輕易進入工作狀態，但也有些事再怎麼努力仍會讓你心猿意馬。投入的程度都沒有對錯，但首先要做的是「覺察」，觀察並理解你能投入的是哪些事情。

■ **讓你感到快樂的，是什麼事情：**在工作或生活，哪些事讓你感到滿足？是具象的一件事，或抽象地嘗試一種思考？是解決一個問題，或企劃一件尚未發生的事？是咖啡還是白開水？是搖滾樂還是藍調爵士？明白當下讓你「非常快樂」的誘因，是很重要的覺察過程！

◆第二步——實驗

如果你是很瞭解自己的人，通常覺察的進程很快。然而，這實驗的目的是幫你增強覺察的事情，提高覺察的深度。

■ **開放性的實驗：**如果發現對自己的生活一無所知，也別氣餒，這會讓實驗更有意思！你可以為自己設定各種實驗的可能。譬如，你能設定屬於自己的「搖滾週」，每天聽不同的搖滾樂、測試自己的喜好。一週後，你就知道搖滾樂之於你有何意義，無感也沒關係，別擔心不聽搖滾樂就不酷。不喜歡披頭四，並不代表你就不喜歡音樂，別人的喜好與你無關——因為，你才是自己所有的解答！

■ **重啟實驗，自我觀察：**每過一陣子，可重啟一次類似的生活實驗。每隔幾個月，我就為自己設定一個實驗期，隨著外在與內在狀況的改變，我們喜歡、需要的東西都會不同，這是必然也自然之事。這些改變，都是對自己的觀察與生活的全新體驗。譬如，我是非常愛看電影的人，但創業後有很長一段時間無法看悲劇電影。當我察知時，我進一步發現自己對劇情的同理與投入異於常人，我過度投入於角色的人生故事中。然而，當我轉身面對已充滿壓力與挑戰的生活時，那般程度的投入會讓我沉重不堪。不但不能放鬆，反倒增加心理負擔。理解之後，我不僅發現自己是有「高度同理」（emphthy）的人，也自知在目前的人生狀態下，我要如何透過電影讓我生活得更好。

◆第三步——探索、探索，更多探索

讓自己保持對世界的好奇心。當你覺得生活只能這樣的時候，千萬不要「就這樣吧」、而是不要停下來，鼓勵自己去嘗試更多新鮮事，去探索你未曾造訪的，嘗試那些你一直很感興趣的事！

■ **有趣的生活實踐**：為了探索自己的生活，我曾做過許多瘋狂的事情！我也鼓勵你找出專屬你的生活實踐，實踐的意思是，你要真的對那個實驗做出承諾。以下是我曾經嘗試過的方法：每天十分鐘打掃的魔幻時間、每天清晨五點半的太極拳運動、入眠前的靜心冥想練習、說走就走的小旅行系列、每天的感恩日記、每天做一件好事運動、每天洋裝風格挑戰、每天西裝與襯衫路線、每天讀一本書運動、每天化妝運動或每天不化妝運動、一日三餐的兩人家食料理時光、每天寫一首情詩運動等，更多有趣甚至瘋狂的嘗試，等著你去發掘！

■ **日常的基調設定**：有些新鮮實驗最終成了我的必備日常，奠定了生活的基調，甚至成為生命的樂趣。進行實驗的過程，我都會覺得那個勇敢突破的自己很可愛，而越來越喜歡自己，這個充滿行動力的自己。那些過程中，我也進一步發現自己對哪些事物敬謝不敏，而更瞭解自己。我如此熱愛自己的生命，光是想到這點，就會非常感謝自己好好活著，且好奇地探索自己的更多樣貌！

開關人生，還是全融人生？

「要怎麼平衡工作與家庭的平衡？」

「要怎麼平衡工作與生活，要怎麼做好on & off的平衡？」

到底要「開關人生」（On & Off）還是「全融人生」（Integrated Life），相信這是許多人想要提問的問題。

有種回答是「年輕人就要能吃苦，on的時候，就不要想著off的事情；能996[8]就不要想著885；你越努力、越是「狼性」，越有機會成功。」以上，我想沒有人會否認，非常殘酷且真實。

但也有另一種回答是：「平衡很重要，工作與家庭也都重要，該休息就休息，該工作時工作。只要你真能確實切割，就不要讓工作影響到生活範圍。」這個答案更是政治正確，畢竟大家都希望自己的生活價值能被重視，誰不希望擁有可以好好休息的生活？

然而，這兩個都並非我的答案。我要從根本來挑戰這個題目，甚至認為這不是一個題目。

我們的生命由時間組成，無論我們在工作、玩樂、睡覺，甚至吃飯時，從來沒有off的時刻。生命從來不會暫停，我們每過一天、就是少了一天的存在，在如此的時間運行原則上，我們怎麼能討論「如何on & off」？

所以我們應該要討論的，是如何讓活著的每一刻都有意義。這個問題的答案，甚至我個人的答案如下：我們要追求的不是開關式的平衡式人生（work & life balance），而是每一分鐘都有意義的「全融人生」（integrated life）！全融人生不一定是每個人的生命解答，因為每個人生命的需要及解讀並不同，但我的確是全融人生的身體力行者。

「全融生活觀」的前提是放下心裡的執念，我相信工作就是生活的一部分。當我們工作時，時光匆匆消逝，並不因為是工作因而不算數。全融人生，非常需要你瞭解自己，需要你知道你做這份工作的使命與意義是什麼。

「全融式生活」可以用一個英文詞——「理想」（ideal）作為說明！沒錯，我那自以為慧黠的命名創意又來了，「全融式生活」就是「理想生活」！

分別以理想一字的五個字母「I、D、E、A、L」來一一說明。

▨理想生活的練習

■「**I**」意謂著大家要從「自己」開始（start with "I"），要對自己有所覺察，有意識地問自己問題，問自己要什麼。

■「**D**」則是運用「設計思考」（design thinking）的方式實驗且試驗，保持開放心態嘗試各種可能，探索前不預設立場，而每隔一段時間，就要主動為自己實驗新的生活方法。隨年紀增長，處理項目只會越來越複雜，有更多需要維繫、思量的工作，必定需要新方法來適應新的挑戰與

8 「996」指早上九點上班、晚上九點下班，中午休息一小時內，每週工作六天的工作模式。「885」則是指早上八點上班、晚上八點下班，中午休息一小時內，每週工作五天的工作模式。

環境，所以要有設計思考與實驗的彈性，鍛鍊自己的「適應力」（the capability of adaption），對生活有不斷的好奇與熱情。

■「E」代表的是「經驗」（expereince），重點是經驗每個當下（present），確實地活在時間裡。確實的生命哲學，不活在過往的陰影、不活在未來的想像，而是好好地過好每個現在。「活在當下」的意思是活在此時此刻，不被已發生的事羈絆，也不被未發生之事情恐嚇，好好體會現在，享受這一刻。

■「A」則代表著「感恩」（appreciation），無論生命中發生什麼好事、壞事，我們都能真誠地感謝它的發生。當你學會感恩，你會發現感恩就是一種愛，是世界上最強大的力量！

■「L」提醒我們「保持學習」的心態（Keep Learning）。法無常法，物無常態，變化才是不變的人生常態。若能帶著不斷學習的熱情，便能不斷地接近想像中的未來生活。

與你分享一個我非常喜歡、專屬於我的全融式理想生活實驗：以辦公室為核心，打造屬於我自己的鄰居網絡。

辦公室附近，我有家熟悉的咖啡店（店員們都叫我「老大」或「黑糖卡布小姐」，一進店裡，不必言說，他們就會開始準備我專屬口味的咖啡），另一家常去的涼麵攤，每次路過都會交換彼此的關心與問候（老闆總會幫我偷偷保留最好吃的豬腳部位）；還有家茶店，店主人們會和我分享他們最新研發的煮茶配方、司康，及手作果醬。

透過主動實驗創造這樣的實體鄰居網絡，這些看起來雖然像是生命中的弱連結（有血脈的親人、同甘共苦的好友是強連結），卻幫助我建立許多排解工作壓力的真實生活時刻。有時候工作很忙，一走進咖啡店，店員一見我看起來有點累，就會直接關心，說上一句「欸，老大，你還好嗎？」

我的公司夥伴是我重要的精神支柱，而我公司附近的這些店家們，也是我生活的一部分，這樣的真誠關心，讓我延伸了自己的精神支柱舒適圈。我們彼此都明白，我之於他不只是一位「消費者」，而他之於我也不是一個「賣東西」給我的人，我們就像是鄰居一樣，真誠地彼此問候與關心。

全融式的生活方式，讓我用新的角度看待自己的生命，我的時間不是切割成「開／上班」或「關／下班」，而是純然的享受我所擁有的每一分鐘。我用一種「探險」與「好奇」的感覺在經驗著每一天！

不自責、不罪惡，慢下來是為了重拾節奏

我曾嘗試為自己設計「時間儀表板」（dashboard），擬定生命中最重要的元素，包括家庭、工作、運動、閱讀等。幾次實驗後，除了絕對必備的項目之外，我發現自己也需要朋友相聚時光、獨我時光（me time）、旅遊時光及感恩時光，有一點不好意思地說，我甚至非常需要「發懶時光」（lazy time）。

我的「發懶時光」就是什麼都不做，純粹發懶、放空，沒有任何目的，沒有要完成任何事情，沒有任何刻意的學習及思考，沒有刻意靜坐或冥想，只有非常、非常簡單地讓時間經過。我可能就只是坐在陽台上看風吹過樹梢，樹影與光影的交錯（我真的非常喜歡看風吹過樹），也可能只是澄清思緒地好好喝一杯水（一杯水的滋味真的無窮盡），只是坐在那裡呼吸，聽聽周遭所有的聲音（如果你練習聆聽周遭所有聲音，你會很驚訝我們生活有多熱鬧喧嘩）。

當我挪出時間讓自己放空，我發現這樣的刻意投入就不會讓我產生「罪惡

感」。我知道，不用急、沒關係，我或許還有一萬件事情還未完成，但是親愛的自己，深呼吸，退後一步，放鬆一下！

我有很多朋友在成為父母之後，對於「想要有自己的時光」開始產生無以避免的焦慮與罪惡感。有些女性朋友當了媽媽後，對自己想要按摩、做指甲感到不好意思，或是難以開口說自己想要和朋友聚會。親愛的，如果這是你需要的，就練習向身邊人們開口，讓這樣的練習發生作用。如果獨處能讓你感到快樂，幫助你的伴侶去理解你的需求（當然，你也應該主動積極地去理解對方）。一個人的獨享時光，若是能讓你精神振奮、重新開機，你的小孩絕對值得擁有快樂的爸爸和媽媽。

知道自己需要什麼之後，我便開始實驗各項所需要的「時間比例」。有些事情的維度是每一天，有些項目的維度是每週一次，甚至是每幾個月或是每年一次。《選三哲學》裡的哲理是「一天只做三件事」，這是一種方法，但沒那麼適合我。

我的方法是列出所有想做的事，然而放到不同的時間維度裡再安排與調整，每天至少跟媽媽說說幾句話，每天至少要作一點運動，每天還要花足夠長的時間好好料理和吃飯，與另一半聊天。每一天我還想讓自己有些閱讀，要寫些東西，更不用說一定要有足夠多的睡覺時間，保持自己健康。

我想作的事情真的太多了，所以必須要讓自己活在時間裡，為自己調配各自項目適合的時間比例。是的，你的時間得要適合你的生活方式，你要做的事只有一個重點，找到屬於你的節奏，並且每一分鐘都對自己的當下全心投入！

現在的我，再也不會因為陪伴家人不能工作而焦慮，因為我明白其他的時刻我能百分百地貢獻；另一方面，也不再因長時間工作而感到生活疲乏，只因我理解工作是生命意義的實驗；我不再因為和朋友相聚而覺得空乏，因為我終有屬於自己的沉靜時光；也不再因發懶而譴責自己，因為我知道那就是我最放鬆、也最豐富的時間狀態。

有意識地活在自己的時間裡，不慌也不急，所有的生活都是透過你對自己的理解而實現。

生命的總合，就是你拿時間做什麼

「方生方死，方死方生。」當我第一次讀到老子的這句話，我的人生突然出現某種頓悟。我們以為我們正在「活著」，但其實我們正在「死去」。每一秒鐘，當我們活著，其實我們也同時正一點一點地死去。時間，其實就是我們的生命本質。所以每次當有人提問「如何做好時間管理」時，我總是會在想，其實時間管理，就是生命管理。

從小到大，我就是那種特別用力過生活的人，或許是因為想證明自己的存在是有價值的，我對一切都抱持著「拼命」的精神與態度。我可以一邊讀書、一邊玩、一邊練游泳、一邊又搞好幾個社團，參加科展時也不放過攝影、新詩與設計比賽。最可怕的是，所有的投入，我都預期著自己該有什麼成績，不然就會覺得浪費時間。年輕時，我為自己的成績感到自豪，以為我很會利用時間，做到比別人更多事情，且樣樣精采。

然而，當年歲漸長，我發現這樣的我其實一點也不懂時間。我活在擔心時間不夠和消失的「恐懼」中，卻沒發現時間的慷慨與禮物。所以，我總是貪心地做太多，而非好好思考自己想做什麼。年輕時，我活在「希望別人覺得我很厲害」的榮光中，而非活在「我明白自己要完成什麼」。當我們為了「別人」而活，那就不是活在「自己的」時間裡。

> 活在時間裡，應該是「你想要拿你的生命怎麼辦」。

現在的我一樣很喜歡進行各種探索、生活實驗與累積，但重點只有「我自己」。我鮮少上傳照片或影片告訴廣大的世界我在哪裡、我在幹嘛，因為真正的生活不在網路上，只在你自己每分每秒的體驗之中。

十六歲時，我第一次經歷生死大關，進行一個困難的心臟手術。那是我人生的重要時刻，讓我真切面對「我」想要怎麼生、怎麼死；讓我第一次知道，我該在意的不是「別人」而是「自己」。「別人的期待」、「別人的羨慕」、「別人的稱讚」都與我無關，我要完成的只有一件事——瞭解自己、做好自己，為自己的生命做見證。

然而，要不在意他人眼光極為困難。在社群媒體眾聲紛紜的時代中，專注在自己身上，就成為值得我們練習的要事。不在意別人的重要第一步，就是要非常清楚地知道「自己是什麼」、「自己想要什麼」。

透過活在時間裡的練習，透過真正理解生命本質——每一秒鐘，我們就是在死去；每一秒鐘，我們就是更接近自己生命終點的那一刻——就會喚醒你的重要意識啟蒙，你想要成為什麼，就再明白不過了。

對於我來說，我希望我的每一刻，都是全心投入充滿愛的，就像正在打字的現在，我是完完全全地把自己奉獻在這裡，奉獻自己給你。

活著，就是值得慶祝的事

與另一半交往時，我曾問過他一個問題：「目前人生中，哪一年帶給你最大的影響？」

我的那一年是二十六歲。那年我創業，也因為這個決定，我二十六歲的人生有了翻天覆地的轉變。很巧的是，我先生也說是二十六歲。那年，他的父親因癌症及急速併發症，無預期地離開了他。

我問他那是什麼感覺，他說那是他第一次感覺到生命短暫和人類的渺小。當他講到人確實很渺小時，眼神非常深邃，幾乎透露出某種奧祕，他說：「我們永遠不知道生命的最後一天何時到來。而且當那一刻發生時，我們都無能為力，只能眼睜睜地目睹死亡發生。」

當我們正處青春年華時，時間很慢、生命很長，一切都無所謂。但是隨著年紀漸長，隨著自己經歷病痛的威脅、見過太多親人朋友的離世，現在的我有了全新的理解，時光多難得。在我們現存的世界維度裡，過去的、逝去的，就是過去了、逝去了。光是「活著」本身，就是一件很值得慶祝的事情。

你有好好活著嗎？你有活在你的理想生活中嗎？你有活在你想要的狀態裡嗎？如果有，真的太棒了，請好好珍惜，如果沒有也沒有關係，問問自己「我的理想生活究竟是什麼？」然後嘗試創造它。

二〇一九年，我們推出新的媒體品牌「回家吧」，並與瑞典辦事處、婦援會合辦「爸比的育兒日常攝影展」。其中一張照片，是一位爸爸帶著輪椅上、剃光頭髮的小女孩（兔寶）一起跑馬拉松。他們一家來到現場，我看到那個剃光頭髮的兔寶，蹲下來和他說話，才知道他五、六歲時就被診斷為血癌病患，這幾年都在進行化療、對抗癌症。在有限的時間內，他的父母只希望能盡他們所能，不放棄地帶著他體驗世上各種美好。我聽著他的故事，努力克制不在他們面前落淚，內心澎湃洶湧。

十歲的女孩，用明亮的眼睛看著世界，而卻看見他對「活著」的渴望。我看到的不是他對死亡的恐懼，而是對活著的感恩和珍惜。對他來說，「每一天」都像是「多一天的禮物」，他的眼睛裡有勇氣、平靜，甚至有快樂。那種快樂，是多認識一個人、多造訪一個新地方，多講一個故事、或多聽一個故事都能感受到的快樂。

我跟他說：「你的眼睛好漂亮，因為你的眼睛裡有亮亮的光。」他以明亮的眼睛盯著我說：「你也是，你也有亮亮的眼睛。」

過去的我，對於他人刻意的攻擊會憤怒、會委屈，不解為何要為莫須有之事承擔莫名罪名，而驕傲如我，甚至也懶得解釋。然而，當我想到那位小女孩，我心裡的聲音告訴自己，如果一個努力對抗血癌的十歲小女孩都能讓每一天快樂、懷抱希望，「親愛的張瑋軒，你還有什麼過不去的？」於是，所有事情都能幽默以對。

無論發生什麼天大的事情，要記得活著就是值得慶祝的事。

好好珍惜現在，讓自己生活裡有想做而且有意義的事情，也有可愛的人們。

今天就是最好的那一天！

5

因為，
你就是所有問題
的解答！

每個人都有屬於自己的一片森林，
也許我們從來不曾去過，
但它一直在那裡，總會在那裡。
迷失的人迷失了，相逢的人會再相逢。

——村上春樹《挪威的森林》

我高三時，班上同學不是想念法律系就是國企系，我這個想念歷史系的同學不僅古怪，甚至還讓有些人覺得可惜。當時，有個朋友想念會計系，我問他原因，他說會計系畢業後一定有工作，而且機會很多。當時的我不太懂事，竟貿然質問他怎麼可以這樣選擇、為何不考量對科系的興趣。他一時語塞、轉頭就走，後來他傳了一個紙條給我，上面寫著「不是每個人都能像你如此幸運，擁有選擇的權利。」

看到這裡，很多人可能會認為，我是因為家庭環境優渥，才擁有選擇的自由吧？我曾看過我完全不認識的人在臉書上發文，說：「我知道女人迷的八卦，他們背景都很硬，想知道就來私訊問我。」有一次，在防止性別暴力的記者會上，有一位資深教授拍拍我的肩，意味深長地說：「你們有很好的背景吧，才能讓你們做這樣的事。」

事實是，我從小家境並不算優渥，我的父母因替家人擔保而欠債累累（後來我的父母也自己創業，打造自己的成功，也逐漸改善了家庭的經濟狀況）。但當時我的母親為了幫家裡多點零用，會買大桶蜂蜜回來分裝成小瓶來零售，在市場收攤時再向老闆買最便宜的青菜。當時，鄰居們都很幫忙，有時候也會買菜給我母親，請他幫忙做菜，我們就能一起吃（我小時候很長一段時間都是在鄰居家吃飯的）。小時候，我們沒有錢買零食、玩具，母親會翻著報紙或雜誌上的蛋糕照片，遊戲式地告訴我和姊姊可以抓起照片裡的食物吃，我們母女三人就會假裝自己吃著那些看起來好棒的蛋糕，然後說「哇，好好吃，我們吃飽了。」

很多人認為我是富家千金，我總是一笑置之。什麼是「富」？如果指的是心靈的富足，我相信我確實是富家千金。很幸運的是，父母從未將金錢的壓力放在我們身上。我們沒有錢買電視，但媽媽就算分期付款也要幫我們買書。我也感謝我的姊姊，在當時候我們一起讀了《小公主》那本書，我的姊姊總是教導我，無論多窮、生活多慘，我們都要讓自己活得像公主一樣，真正的公主不在於錦衣玉食，而是精神的高貴。《小公主》的主角莎拉無論經歷了什麼，從來不會忘記慷慨與分享，永遠重視朋友，真誠對待每個相處的人，而我從小到大就是用這樣的公主精神面對生活。

「不是每個人都像你這麼幸運，擁有選擇的權利。」那個同學、那張紙條，為我帶來深刻的影響，不僅默默影響到我現今的創業，也是推動這本書的動力之一。我的生命中，也曾經歷不幸的事情，但是我更相信每個人都有自己的幸運，但關鍵在於你的選擇與勇氣。

所謂「成功」人士，不一定都含著金湯匙出生，但關於生命，他們肯定有著屬於自己的主動詮釋。被譽為世界最具影響力的女人歐普拉，出身貧民窟，曾被虐待、性侵的他甚至多次嘗試自殺。他絕對有各種無法成功的理由，但是他卻選擇為自己的生命建立「所有權」（Ownership），把握所有可能的機會、保持信念、積極發聲，所以歐普拉才能成為歐普拉，而不是那個「因為環境把他變得很悲慘的歐普拉」，他將他的生命活到極致。

每個人的出身際遇不同，所有人的起點當然絕對也不是公平的。大部分的人或許都認為出身富裕才是幸運，當然，出身富裕絕對很好，至少不用擔心三餐溫飽，但比起富裕，我認為更重要的、所有的關鍵，絕對還是在於我們「自己」如何去「詮釋」我們所遭遇的環境與世界。

要做好自己，就要能主動地建構自己的世界觀、價值觀、生活觀。

看見表象就斷然假定別人的生活及背景、成功的背後可能是什麼、失敗的原因可能是什麼，卻花太少時間去解讀自己。將別人的成功歸功於「他的幸運」和「他的背景」是種解脫，但這又何嘗不是一種自我逃避？

尤其，在當今亞洲仇富的心態裡，任何人的成功只要被冠上「他家裡很有」這幾個字，好像就能讓大家心裡好受一點。但事實上，我沒有遇過任何一個我認為成功的人，只是因為他們「家裡很有」而已。

每個人都有屬於自己的不幸及幸運，與其羨慕、懷疑、以酸言酸語批判別人的成就，不如把時間花在自己身上，探索自己所欲所求，瞭解自己的優勢劣勢，為自己想要的足夠堅持、足夠努力、足夠專注，你終究會達成你所達成的。

對自己產生好奇：開啟人生對話的三十一個提問

在發現自己的過程，有一個練習可以幫助你對自己產生好奇！那就是——問自己問題。

回答自己問題時，和面對恐懼一樣，不要滿足於表層的答案，你要繼續追問自己，保持好奇，因為答案背後還有更多問題、答案的背後還有答案，要追根究底地不斷探尋。因為，你是所有問題的解答，你就是你生命的所有意義。

每天在日記本上問自己一個問題，然後回答。你也可以找一個好朋友，彼此交換問對方一個問題，再回答對方。很多時候，透過朋友的觀察及協助，你更能看到回答自己的方式是否真誠。

在問自己問題的過程中，我也鼓勵你多閱讀、多感受自己的經驗，因為我們無法知道我們不知道的事情，有時答案需要花時間尋找，有時答案會隨著時間和經驗改變（不要對自己懷有定見，而拒絕其他可能），有時候答案得需要想像及模擬（讓自己進入一種未曾想過的情境之中）。在找尋自己的答案時，不用著急，因為你要知道，你，就是所有問題的解答。

You are the only answer to your mysterious life.

以下列出三十一個問題，請你花一個月時間，每天回答一個問題，試著找到你的答案。

有些問題很直接，你可能不敢回答（請勇敢地面對自己的恐懼），有些問題需要你認真想像（並在想像過程中反覆辯證）；有些問題，你現在可能沒辦法回答（因為你可能不曾想過），但請你主動嘗試找到答案。相信我，回答完這些問題，你會更瞭解自己，透過回答這些問題，你就能逐步建立出屬於自己的人生定義——關於你是誰、關於你的金錢觀、關於你的價值觀、關於你和家庭的關係、關於你的快樂是什麼，有關你想要的關係，有關你的一切。

當你建立出「屬於自己」的答案，你就能開始逐步建立屬於自己人生的定義。這個人生，不是父母為你選擇的、不是伴侶對你的期待、不是你以為有了小孩就得犧牲的剩餘人生，更不會是社會、學校、朋友或老闆及同事的威脅、利誘你該得到的生活。你的人生只能是你自己的選擇，是你自己想要的、是你真正渴望的。

▨開啟人生對話的31天練習

1. 我會用什麼東西形容自己？為什麼？
2. 我會用什麼顏色形容自己？為什麼？
3. 我會用什麼歌曲形容自己？為什麼？
4. 如果要用三個關鍵字形容自己，會是什麼？為什麼？
5. 如果最好的朋友／我的伴侶要形容我，他會怎麼形容我？那個是我嗎？
6. 什麼東西會讓我覺得幸福？為什麼？
7. 什麼事情會讓我想哭？為什麼？
8. 什麼事情會讓我憤怒？為什麼？

9 什麼事情會讓我覺得痛苦？為什麼？

10 什麼事會讓我覺得委屈？為什麼？目前生命中經驗最大的委屈是什麼？

11 我害怕失去什麼？為什麼？現在我真的擁有它嗎？

12 如果房子失火了，我只能帶走一樣東西，那會是什麼？為什麼？

13 我現在最想要得到什麼？得到它就能夠讓我開心嗎？

14 如果我有一項超能力，那會是什麼？為什麼？

15 對我來說，什麼是成功？為什麼？

16 對我來說，什麼是失敗？為什麼？

17 目前為止的生命經驗，什麼事情讓我最有成就感？為什麼？

18 目前為止的生命經驗，什麼事情讓我覺得最失敗？為什麼？

19 如果我現在中了一億元樂透，我想要做的前十件事情是什麼？為什麼？

20 如果我可以送給我的母親／父親一個禮物，那是什麼？為什麼？那是他要的東西嗎？

21 如果我可以改變原生家庭的一件事情，那會是什麼？為什麼？

22 如果我可以改變自己目前人生的一件事情，那會是什麼？為什麼？

23 如果過去一週我可以重新活一次，我會改變自己什麼？為什麼？

24 我喜歡什麼樣的朋友？為什麼？現在有這樣的朋友嗎？我是這樣的人嗎？

25 我不喜歡什麼樣的人？為什麼？身邊有這樣的人嗎？我是這樣的人嗎？

26 我期待的感情關係是什麼樣子的？為什麼？現在的對象是這樣的嗎？

27 我最不喜歡的感情關係是什麼樣子？為什麼？現在的對象是這樣的嗎？

28 我現在能夠想到自己最開心的時間是？還有沒有更多更多？

29 現在的我，是快樂的嗎？

30 如果明天是生命的最後一天，我能毫無遺憾嗎？若有遺憾，會是什麼？

31 現在要請你為自己寫一篇墓誌銘，你會寫什麼？你覺得你會在你的葬禮上看到什麼？

以上三十一個問題只是開始，我們每天都會遇到無數選擇，但當你開始問自己「我要什麼」時，就會開啟絕妙的人生對話。發現自己答不出來時也不用擔心，你可以反問自己：「這，是不是我要的？」

對於想要的一切，我們不一定有足夠勇氣承認和面對，但至少可以先從「這，是不是我要的？」來起頭。一開始沒有答案，也沒關係。要給自己時間，你有一生的時間能瞭解且探索自己，給自己勇氣再次發現自己。不必為自己預設死線，而是於日常生活中培養自我覺察——給自己問題，給自己時間及勇氣面對人生，並且好好回答這些問題。

當你回答了所有問題，三個月後，可以找一位好朋友或是生命伴侶（若你現在覺得自己沒有好朋友也沒關係，透過這些問題，你應該能開始理解到哪些人會是你的好朋友，並從現在開始培養交際圈）。彼此來回提問，透過朋友及伴侶的觀察及協助，你更能看到你給自己的答案是否真誠。事實上，我們經常自我欺騙，這是我們對自己的保護機制，而「自己」往往就在魔鏡之中，反映的是人生中最可惡的騙子——自己。

在你問自己問題時，始終提醒自己一個重點——沒有什麼是「最好的答案」。每個人來自不同的環境背景，每個人的答案當然各異。學會以「相對客觀」的方式與自己對話，學會拿掉預設的立場自我探索。

面對人生的巨大提問時，我們都是跌落仙境或是異境的愛麗絲。有時候，我們可能因為咬了一口派變得巨大、自覺格格不入，這時就問問自己「這是我要的嗎」，就算不自在也沒關係的。

有時候，就算是因為喝了一口藥水而變得很渺小，沒問題，那就再問自己「我到底想要什麼」，之後不強求找到哪條路、選哪道門，就擁抱這一路上的驚喜與領略吧。

接著，你可以審視第一次及第二個月的答案有何不同，或是你每年都可以為自己做一次，來看看自己是否有什麼改變，自己歷經了哪些心靈轉換及調整。有時候，答案需要更多時間尋找，甚至因人生經驗的不同而改變，有時還需要你的想像及模擬，讓自己進入未曾想過的情境之中，而會有不同的發現。找尋答案時，永遠不要追尋「最好的那個答案」，而是找尋「屬於你的答案」。你要知道、也要記得一件事——你，就是所有問題的解答。

成為你必須成為的自己，沒有藉口

從小到大，我的字典裡沒有「失敗」二字。在創業初期，有個共同創辦人也是我的高中同學，只考慮三天就加入我們。

他說：「認識你以來，覺得你就是做任何事情都不會失敗的人。」

要說我傻氣也好、天真也罷，但我當時的確從未想過創業也可能面臨失敗一事。甚至，我從來沒有想過，自己也可能會有沒辦法把事情做好的時候。

創業到一半，我這才發現，其實我對正在做的事情一無所知。我空有理想、空有熱情，但那又怎麼樣？我知道我希望帶領團隊能獲得成功，但是我更知道我不知道、欠缺的還有許多事，不懂會計、法律、技術、公關、媒體。在一個什麼都不懂的狀態中，我帶著一群信任我的人進入未知領域。當時的我嚇壞了，因為這並非我一人之事，還有團隊夥伴，以及他們賭上的青春及金錢。

公司欠缺資金時，面臨的是要倒閉、還是再拼一次的兩難。我必須要面對問題、不找藉口，承認自己欠缺經驗及專業知識，我對自己曾經的選擇責無旁貸，我還有好多理想沒實現，不能就這樣結束一切，於是我去申請了青年貸款。

接著，除了工作之外，我也認真地學習，從商業模式、財會報表、團隊管理、融資方法、技術程式等。我若要自許為所創之業負責、為團隊負責，我就必須盡快成為我必須成為的人，這毫無藉口可言。

藉口是讓自己脫責、好過的方式。「因為……所以……」的造句法如此容易，而藉口就是對自己說的謊言。在一個謊言之後，它只能繼續言說而成了有機體。但是，人生最大的謊言，莫過於自己騙過了自己。若人只能以無數謊言幫助自己過完這一生，生活的價值何在？

然而我發現成功的人，最重要的特質是：為自己的人生當責，從不為自己找藉口。譬如，現在寫書的我，最容易產生的藉口可以是「我現在沒有靈感。寫作需要靈感，我現在就是寫不出來。」但是，那些偉大的作家們的日常，就是在每天固定的時間，無論有沒有靈感，都能讓自己進入狀態、盡量地寫。即使是「書寫」，一件看似這麼自由的事情，仍需要意志力及每天不斷的練習。

"想完成想做的事情，口說無憑，只有行動才算數。想成為自己期待的那個人，空有夢想無用，得開始有所作為才行。"

想抵達那個理想的彼方，眺望亦無用，必須踏出第一步。你是所有事物的解答，也是所有問題的根源。不要為自己找藉口，不要歸咎於自己不夠幸運，不要害怕承認自己內心的軟弱、怯懦、偷懶的惰性。我們沒有人是完美的，而且沒有任何一個人是一樣的，當你知道你想完成的、你想實現的，當你可以面對自己是誰，設定一個目標，努力往那個座標前進，你就能實現與眾不同的自己。

透過最小可實行方案，鍛鍊「相信自己」的力量

「如果我不知道怎麼相信自己做得到，怎麼辦？」

你可能常聽到「相信」的力量，也有人形容為「心想事成」或「吸引力法則」。有很多著作和名人都解釋得很清楚，而最常聽見的就是「你只要向宇宙下訂單」，「相信」就是如此簡單。但實際上，我自己經歷過這樣的歷程，大部分的時候很難告訴自己「相信就好」，然後就能真切相信。尤其在東方的脈絡裡，我們的成長環境特別缺少給孩子們鼓勵和信心的培養場景，我們更需要刻意地練習「相信自己」。

首先，「信任」需要時間「培養」，而不是一個開關。最早研究「信任」的心理學家莫頓・烏德茲（Morton Deutsch）透過囚徒困境實驗，發現「信任是人類對情境的一種反映」。許多生物學家也指出，在人類的合作過程中，「信任」是經「演化」產生，需要時間反覆練習，也指出與大腦產生的催產素（Oxtocin）有關。科學的證據說明「信任」就像一種肌肉，可透過練習而變得強壯。

總是需要時間積累，人與人之間才得以培養信任。你對自己的信任，當然也需要時間練習！信心，就是一種心力，這種力量可如肌肉般被鍛鍊的。

透過每天與自己的相處，看到自己克服了什麼、經歷了什麼，逐漸累積而成，最後信心能如「根」一般堅固，紮根確立。一棵樹日後的樹蔭有多大，紮根的深度就是先決條件。相信自己，也為自己培養信心，如同為自己扎根般，這是人生前進的第一步。

唯有信任，能帶你走到彼方。一段感情中，若兩人無法信任彼此，很難長久；與自己相處也是同樣道理。若不相信自己，又怎麼可能將生命活得精采又值得？缺乏自信的人，通常源自於過往的失敗經驗、曾經受過的許多傷害，人生的「經驗值」告訴你「不需要」或是「不應該」相信，這是一種自我保護機制。

”認識自己的最終目的，就是讓你能相信自己——相信自己的能力、相信自己對生命的解釋，相信自己可以。“

所以，若你對自己的信心相當匱乏，而你也想要練習相信自己的力量，那就從最簡單的基礎開始。

若你現在是對自己毫無信心基礎的人，請你先對自己說「沒關係的」，並將目標定義清楚。首先要討論的並非你如何「變成」一個對自己有信心的人，這是相對較遙遠的目標，我們先鎖定近程的練習。先專注在第一題：一開始，我要如何練習「相信自己」的心力肌肉？

當我們要養成某部位的肌肉，第一步要做的，就是先檢視自己的狀態、擬訂訓練菜單，然後開始定期地規律練習，每個階段慢慢增加練習強度。六個月後，你可能才感覺自己的肌肉線條改變，在進一步的重練中如何負重。

如健身般，逐步建立信心需要一步一步慢慢來！眺望那個想要前進的方位，接著為自己建立一個簡單的行動方案。若你是極度無法信任自己能力的人，建議你先訂立相對簡單、可能實現的目標。

如果你還沒準備好，重點是先讓自己進入狀態，請不要立刻設定過於高遠的計畫。和創業很像，先找到預期實現的「最小可實行性產品」（MVP, Minimum Viable Product），再根據當時狀況以及對自己的信心指度，設定信心鍛鍊計畫，譬如每天早起十分鐘、每天多喝一杯水，或是每天對身邊的一個人表示感激及欣賞。

擬定專屬你的一週計畫。先用「一週」為簡單的基礎時間單位，持之以恆，七天後再給自己正面鼓勵和獎賞，如「哇，我真的很棒，連續七天都能早起十分鐘！」這樣的簡單鼓勵，能為自己建立「正念循環」，讓「我真的做得到」這樣的信念內化成自己的聲音。

三個月後，你一定會發現自己的信心指數不斷提高！只要為自己開啟「相信自己的肌肉重訓計畫」，你就會開始如那些健身狂人般停不下來，因為你將經歷到「只要我想要，一定做得到」這種信心的重大突破。

推翻標準答案！越困難的選擇，越能決定你是誰

當我們選擇要鼓起勇氣、成為自己，往往代表的是我們必須去推翻那些「標準答案」。

孔子說「三十而立」，小時候總以為「立」是指成家立業，人在三十歲前，得要成家、得要在事業上有所成就，每個人對於自己的三十歲，總是惴惴不安。後來，長大的我讀到新的觀點，讓我知道那段話並非孔子對人生階段的倒數計時，而是孔子對生命歷程的自白。

所謂的三十而「立」，指的不是「成家立業」，而是在經歷學問智慧的追尋、人生歷練的累積，「確立」也「獨立」的成熟狀態。「立」，是建立屬於自己做人處事的原則，打造屬於自己的「生命定義」。

找到屬於自己的人生答案之前，我們對於自己及世界的認知都來自外在世界，如家庭、學校，甚至是大眾傳媒與人際社交。對於「成功」的定義、「美

麗」的投射、「完美」的解釋，我們以為既定的表象就是答案。但很多所謂的「答案」，是被「看不到的手」所創造出來的。

> 無論你幾歲，是學生或身處任何工作崗位，你都在創立自己的生命之業，扮演著自己人生大戲的唯一主角。

如果你開始有意識地察覺自己，觀照自己的內心，誠實認識自己、面對自己，開始覺知自身的選擇，你會發現你的每次選擇，都讓你更接近自己、實現更多的自己。心會告訴你，你讓自己離理想越來越遠，還是越來越近。

有些選擇很簡單，許多選擇相對困難。這些年的經驗，也讓我理解到越困難的選擇，越能幫助你確定自己究竟是誰。那些越困難的選擇，越是一種祝福。

幾年前，我拒絕其他單位以大筆現金併購出場的機會，我還記得當時拒絕的一秒，我感覺到全身的力氣突然消失，我知道當我拒絕，我拒絕的是大筆財富、眾人欽羨的眼光，甚至是社會公認的成功象徵。只要接受，將為我帶來的頭銜是

「成功出場的創業家」，而非「那個還在努力、好像一直都不成功的創業者」的失敗者標籤。

在按下送出訊息之前，我反覆看著即將拒絕對方的文字，觀察自己，仔細觀察那個害怕失敗的我，並問自己：「如果拼了幾年後，創辦的公司終究失敗是否會讓我後悔？」我反覆問自己這個問題，但每一次都是比前一次更清明的答案——我不會後悔。

於是，我按下訊息送出鍵。

送出訊息後，不僅是上億元資金消失，也得煩惱公司接下來的運營資金。失敗者的標籤或許只會持續被放大，但是我的心裡卻特別平靜，因為我知道那是我的選擇，而我又為何選擇。

直到現在，我仍不確定當初那個選擇是對是錯，但其實所有選擇都沒有對也沒有錯。如果我當初是另一個選擇，我過的就是另一種人生，或許更逍遙自在。然而，我不曾懊悔自己曾經的選擇，因為我深知自己為何而選，深知自己透過一次又一次的選擇，更接近自己的理想。

我選擇的是「成為我」，而非社會上刻板想像的成功人士樣版。我選擇「成為我」，而不是成為一個他人所期盼的我。我選擇「成為我」，因為這才能讓我快樂。

當你遇見人生的選擇，那可能是讓你猶豫再三的生命可能，也可能是必須面對他人期待與自我覺察的機會，但越困難的時刻，往往是越能讓你決定你是誰。

探索自己的終極目標

在表演學上，每個角色都會有一個「終極目標」（ultamete goal），而這個終極目標，就會成為這個角色的行為動機，所有的行動、台詞、潛台詞（沒有說出來的話），都是角色在靠近這個終極目標的累積。

通常，越能將角色各面向的終極目標發展地淋淋盡致，越能將角色扮演地細緻生動。對應到我們的生活，如何過一個有意義的人生，最重要的就是：建立自己的終極目標——你這輩子的使命。

以企業來說，我們會建立屬於企業的「使命宣言」（vision & mission statement），它將定義企業的目標方向及所有行為依據的價值觀。企業的行動是否有意義，就是以是否符合企業使命的準則來作為評斷依據。

> 以個人而言，建立屬於自己的終極目標，就像創立一間企業，並建立自己的使命宣言。

當你將「自己」視為需要經營、設計、發展的角色，你會開始建立個人行為的自我意識。當你更能覺察你的自我表現時，你就能為自己設立終極目標、有意識地學習與練習，讓你更靠近自己想要實現的使命。

國小五年級時，我曾發願想當台北市市長；十八歲時，我想當電影導演、編劇。但後來的我卻創業了，我的「職涯目標」看似有很大的轉換，但究竟這些事情的核心本質，其實都是相同的終極目標：貢獻我的能力，讓這個世界能夠因為我而更加美好。

每個人都有屬於自己的終極目標，但終極目標沒有標準答案。

如果你也想找到，你可以嘗試這個方法：想像你現在為自己寫下墓誌銘，你會怎麼寫？你也可以問自己這個問題：死前那一刻，要做到什麼，才能讓你覺得不負此生？

很長一段時間，我只有一個終極目標——這個世界，可以因為我更美好一點。後來，隨著心境變化，我發現這個目標的重點不是「我」而是「這個世界」，我還是依賴外在的改變來定義自己的成功與失敗。

當我察覺到這一點，我開始重新定義目標：我知道在我死前的那一刻，若能定義自己這一生有深刻意義，那將會是——我的生活中，有可愛和所愛之人；我的生命中，我有努力去實踐我所相信的事情。

讓我覺得我有意義的、讓我覺得我是成功的，與財富、名望其實都無關，我所信仰的一切都只與「愛」有關。我想要的很簡單：有想愛的人，我努力去愛；有想做的事，我也認真去做；我去愛，我去做。如果我愛的人也愛我，我努力的事情有完成，那真的是我最大的幸運。

正因為我想要的如此簡單，所以我的每一天也變得非常簡單。

我知道我能做什麼，我知道我想做什麼，所以富貴不能淫，貧賤不能移，威武不能屈，我角色中所有選擇都只關乎我想要的終極目標。當你找到自己的終極目標，也找到自己的角色意義。縱使在你失意彷徨時，你的角色意義也會如北極星般，在無數個漫漫黑夜中指引你前進。

只要你想要，你就會成為你想成為的那個人。而能夠成為那個人的，只有「你」。

平常心的日常練習：學會輸、學會覆盤

十一歲那年，我隻身去日本投身在名師下研習棋藝幾個月。每天的生活只有圍棋。起床打譜，下午去棋院下棋，回來覆盤，被老師罵，吃完晚餐，繼續打譜或做詰棋[9]。每天的生活就只有棋盤和棋院。在活潑好動的年紀，我每天都覺得日子苦，雖然當時棋力進步許多，但也在當時，我以為我不喜歡圍棋了。

直到很久以後，甚至是創業時，我才發現我確實喜愛圍棋，甚至已是我骨子血液裡的一部分。

後來想想，我之所以排斥下棋、以為自己不喜歡圍棋，原因倒不是因為當時生活苦，而是我不喜歡下棋時贏了自己的朋友，或是輸給朋友。

得失心太重的自己太怕面對輸贏，我不喜歡輸，但坦白說，我也不喜歡贏。怕贏了同學、怕贏了長輩前輩，讓彼此尷尬。心裡的雜念若七上八下，就算贏面大好，最後也會因沉不住氣被翻盤。後來好長一段日子，我不喜歡把棋下完，只要不到最後一手便無輸贏，誰也不必覺得難過。

當時，下棋的另一個痛苦就是覆盤的過程。覆盤的意思，是棋下完後，再重新按棋手順序排出剛剛雙方對弈的棋子順序，反覆地思考推量關鍵失序的棋，找出致勝的關鍵。痛苦，來自於過程耗時，一局棋不過幾小時，覆盤卻要花上半天以上時間。過程中，仍得持續面對自己曾有的失誤。

然而，覆盤卻是最過癮，也是讓棋力進步的最好方法。越高乘的棋手越講究覆盤的功夫，每一手棋都有無數的變化。覆一個盤，就像再下了好幾盤棋一樣，鉅細靡遺地檢查自己的曾經及當下的思路，蘊含各種推演與變化。

該怎麼下一盤好棋？

9 「詰棋」有如數學的應用題，看到題目便開始計算、破解。

出身台灣，國際著名的棋士林海峰老師，曾向棋聖吳清源老師請教心法。而吳清源老師的三個字，後來成為林海峰奉為下棋的最高情懷，即「平常心」。

吳清源說：「不要怕輸棋，只要懂得從失敗中汲取教訓，那麼，輸棋對你也有好處的。今天失敗一次，明天便多一分取勝把握，何必怕失敗呢？」

前幾年，我有機會專訪台灣棋界第一人周俊勳老師。周俊勳老師表示，若要成為優秀的棋士，最重要的是要學會怎麼輸棋。他認為，一個優秀的職業棋士，一輩子要輸很多棋，必須學會怎麼面對輸，要在輸裡面強迫自己成長。

他看著我笑著，說：「發現自己一直贏時，我也曾迷失，因為這樣很可怕，如果我只會贏，我根本沒辦法進步。」下棋，不是只找尋能讓你贏的對手，更要挑戰能讓你輸的對手。相同地，在創業的路上，總有覺得窒礙難行之處，步步都是險棋。

人生當然有簡單之路，偏往虎山行的原因為何？虎山之途，道遠且阻，卻是成長之路。失敗是常態，不如意是必然，小時候學棋還沒參透的，生命經驗卻能教會我如何平常心應對。

"想要突破限制、開創新局，就要保持平常心，甚至積極求敗，面對失敗、學會失敗，虛心且持續地讓自己輸也沒關係。「輸」不是重點，而是「怎麼輸」。"

一次輸並不打緊，但不要反覆犯相同的錯誤，保持著「覆盤」的精神，持續推演。贏了很好，但輸了或許也不錯，珍惜機緣，一切保持平常心。我們要樂在其中，享受屬於自己的人生這一局。

在順境和逆境中，學習敬畏與臣服

小學時，學習成語「人定勝天」時，老師會搭配愚公移山的故事。所以，小時候的我總覺得人只要努力，就沒有辦不到的事。

親愛的，我一定要說，人生有太多事情，真的不是努力就做得到。但是，生命的奧祕，並非在於做得到或做不到，而是我們怎麼做。

挫敗失意的那些年，當我標籤自己是個失敗者時，除了閱讀各種商管案例書籍以外，也透過各種方法找回內心平靜。我嘗試冥想、回歸信仰，大量閱讀東西內外經典。

過程中，我才在生活中逐漸理解「人定勝天」的真義，我的解讀已再不是「只要努力，就一定能超越自然的力量」；因為重點不在「勝」，而在「定」。對我而言，當人能夠「靜定篤定」其心志時，就能經得起並「超越」外在世界任何考驗與變化。

遇到順境時，就像春暖花開之際，我明白那個順境並非因我而產生，我頂多是播下花的種子。能得花開，只是因緣俱足。所以當花開，我敬畏自己的幸運、敬畏著眾人的協力，我臣服於眾多機緣。常常很多乍似成功時，我都會想起席慕容的那首詩，「為了遇見你，我已在佛前求了五百年」。

所謂成功，不過僥倖，不過幸運，不過時間到了，不過剛好，所以沒有任何得意，只有敬畏，只有臣服，我更加珍惜。

曾經，我懼怕逆境，但當我學會敬畏與臣服，便明白逆境如年有四季，季有四時，日有晝夜一樣。所以面臨逆境，我再也不會自我懷疑，而是問自己在面臨眼前的困境，能積極應對的心法為何。

遇到凜冬之時，你所要做的事即冬藏，而且在豐收之時便要提前準備。你要做的只有敬畏與臣服——逆境是必然，而你可以幫助自己走過這個冬季。

> 無論遇到順境或逆境，外部環境都不重要，
> 重要的是自己的「心境」。
> 心順了，就都是順的。

人「定」勝天，當你篤定了，當你靜定、準備好了，就能禁得住萬千變化的外在考驗。順或逆，平常心，我們敬畏且臣服。

無論得意或失意，你知道那些不過是春或秋，不過就是日或夜，其實都不過一瞬。所以順境時，不要忘形，更加謹慎與珍惜；逆境時，也不要害怕，你知道在黑暗裡，你還是能夠成為自己的光，甚至有機會照亮他人。

決定！今天就是最好的一天

如果你能理解，無論順逆，其實都是自然的一部分，就像有四季一樣，花開花謝，夏果冬雪，你便能放下對「贏」的執著，一切平常心，一切敬畏與臣服，而最重要的是你可以選擇你想用什麼樣的方式來面對你的環境。甚至，我總是這樣跟自己、跟團隊說——你可以選擇你想怎麼度過今天。

我們常聽到別人說，哭也是一天、笑也是一天，為什麼不選擇笑？我覺得如果你想哭，你當然就哭，不需要勉強自己笑，可是當我們面對每一天，我們可以對自己說的是——就讓今天是最好的一天！

「Today is a good day to have a good day.」想哭，就好好地哭；想笑，就好好笑，重點是我們全心投入在今天裡頭。

你要紮紮實實地活在當下，不要活在對過去的恐懼，昨日種種譬如昨日死。也不要活在對未來的執著裡，明日種種譬如明日生，專於於現在。現在有愛，現在就表現，現在有歉意就立刻表達，這是避免遺憾與悔恨最好的方法。現在有誤會，主動積極地去說清楚，現在有憤怒，就學會排解。

如果每天睡前都能用愉快的心情入眠，每天醒來的那一刻，你也會感到幸福。

現在，每天醒來我會做一件事。當醒來還躺在床上時，我就對自己承諾：承諾自己會把今天過好！要盡力完成經手的每一件事情、全心對待今天相遇的每個人、讓自己在今天過得健康自在滿足，讓今天就是最好的一天！

每一天，我都會這樣給自己一個全心投入過好今天的承諾，只要把每個今天都過好了，你就會好好的！

6

今天，你想怎麼過？

認眞生活是世上最罕見的事。
多數人只是存在，僅此而已。

——王爾德

我常鼓勵團隊成員們，不要只做有把握的事，要主動練習踮起腳尖、伸長了手，去做一些要很努力才能完成的事。「走出舒適圈」（get out of your comfort zone）意思不是去設定一個遙不可及的夢想，而是去擬定一個讓夢想成為每天能夠挑戰的行動計畫！

然而，這個計畫不能太容易，就像重訓一樣，目的並非只拿取可輕鬆舉起的啞鈴，而是在每次練習中不斷加強重量，突破原先的狀態。給自己多一些機會，在流汗、喘氣，覺得自己不行卻只能咬牙撐下去的過程中，你將發現自己的肌力增強，身體正以更誠實、更積極的方式回饋自己。

健身，需要不斷增加的重量挑戰，人生更是如此。你的生命之業，有如重訓般，透過天天的積累和練習，就能讓今天的你比昨天更接近目標。每一天，你都在定調自身生命的價值和方向。

國中時的我是游泳選手，同時要兼顧學校課業及每天兩次早晚的鍛鍊時間。教練反覆提醒，在正式的比賽中，業餘及好手的差別並非一、兩分鐘、也不是一秒、兩秒。高手的世界裡，往往只是差了零點幾秒。每次當我好不容易達到新紀錄時，便得調整目標，每天都必須練習如何超越自己的昨天。

某一次的衝刺練習，我心想不過是練習，便保留精力而不全力衝刺。在教練的關切下，我便賴皮地說自己累了，一心只想讓教練相信我已疲累不堪了。教練卻說：「練習都不能全力以赴了，你比賽怎麼做得到？練習時若不用盡全力，怎麼知道自己的極限到底在哪裡？」

那天的練習最後手腳都不像是我自己的，卻也突破了自己的速度，而「水性」也變得更好，沒多久就破了自己的百米蝶式紀錄。那天之後，即使在可以休息的時候，我都堅持還要再多游幾圈、待在水裡久一點，讓自己迎戰更多可能。唯有透過練習，才有機會讓今天的自己比昨天更好；只有真正全力以赴過，才知道自己的極限在哪裡。

今天的你，真的夠努力嗎？

我常常和團隊夥伴說，有潛力不代表有能力，有能力也不代表有戰力。「潛力、能力、戰力」，是三個不同的狀態，而這三種狀態，背後核心的解釋就是你真正的「實力」，而培養這三力的唯一訣竅，就是你必須足夠努力。努力不等於一定會成功，但是不努力絕對不可能成功。

然而，很有趣的是，大部分的人都往往還在「潛力階段」，就以為自己的潛力就是戰力也等於實力。畢竟，對應到現實人生，誰都希望自己是千里馬，能遇到「懂自己的伯樂」，誰都希望自己跟「那些成功的人一樣」，有足夠的「好運氣」遇到「能讓自己展現實力」的機會和環境。

"如果你想實現自己，光是有野心還不夠，你必須夠努力，甚至孤獨。"

「努力」是什麼？「努力」並非只是一個口號，或是每天在臉書、IG上傳主張「我好努力」的照片或貼文。「努力」是一種無條件、長時間、有紀律的投入狀態。

努力是一種有自覺的選擇，你要選擇你的首要目標是什麼。當你有一段獨處時間，你想選擇歡樂地看韓劇，還是選擇持續地練習想邁進的目標？努力，不是一種結果，好像有一天努力過了，就叫努力；努力是一種過程，需要每一天有紀律的累積。努力像是走在沒有盡頭，而且只有你一個人走的路，但無論有沒有人看到你在那條路上，無論有沒有人相信你真能走到你要去的地方，你仍能願意堅持地往前走。努力，是一段孤獨的旅程。

幾十年來，每一位我所認識在生命中有所成就的人，都是非常努力才有機會成功的。

知名的電影配樂家與華文音樂劇創作家王希文是我很好的朋友，他剛成立《瘋戲樂》劇團時，我也算是他的創始元老。我曾經開玩笑地說：「你人生也太美好了吧，音樂人，感覺就是很自由。」他表情一凜地對我說：「超辛苦的好嗎？我每天八點起床，八點半吃早餐，九點到工作室，工作到中午，三十分鐘午餐後，回工作室，一直弄到大半夜的。」我一開始還覺得他在自我辯解，繼續笑著問：「這是常態？還是偶而為之？又沒人管你，幹嘛這麼規律？做音樂不是很自由嗎？有靈感來再說就好啦。」最後不忘再加上一句我的真心話：「而且你那麼有才華！」

他的才華有目共睹，但是當他聽到我讚美他「有才華」時，卻很嚴肅地跟我說「有才華的人太多了。」他接著表達：「而且越沒有人管束、越自由的工作，越需要紀律。」

後來，我幾次造訪他草創初期的工作室，那是一個頂樓加蓋的小空間，只有一間廁所、一張桌子及一張單人小床，擺滿錄音創作的工具，只能用家徒四壁來形容。當時的我心想，若每天在這個小空間從早上九點待到晚上十二點，需要多少毅力？如何忍耐這般寂寞？但他一路走來十幾年，始終如一。

現在的他，早已是台灣備受矚目且多次入圍金曲獎的音樂創作人，他所創作的華文音樂劇也備受國際市場歡迎。每次看到他走紅毯，眾人或許只見他瀟灑才華，但我只想到從他住處到他工作室的那條漫漫長路。

”努力，是比才華、智慧更重要的東西；努力，是面對一件事情之際，能夠忍耐長時間的寂寞；努力，是對一件事你所能夠投注的愛與熱情最大值。“

在你有任何野心與渴望成為什麼之前，先問問自己：今天的你，夠努力嗎？

反饋是最好的禮物

我們公司有個重要的回饋文化（feedback）。完成一件事後，可以主動向主管或同事尋求回饋，也可以主動積極給予回饋。若能主動尋找回饋，並接受回饋，成長進步的空間越大。

我常以主動方式尋求評價及回饋：「你覺得怎麼做會更好呢」、「還有什麼是我不知道的」、「如果是你，你會怎麼做呢」、「我很想聽聽你的想法」、「你怎麼看」。

創業的這些年，我深知有人願意提供意見、大方反饋，就是莫大的幸福之事。有一次接受《天下雜誌》的影音採訪，我將成果寄給丁菱娟老師看，請老師提供我建議，老師立刻來電話給我提醒，小至手勢動作過多、服裝造型，大至說話方式，老師仔細地一一指出改善要點。當下，認真提點的老師令我熱淚盈眶，落淚的原因並是非丟臉，而是過於感動——我怎麼如此幸運，竟然有人能如此無私地教導我。

每完成一件事固然有成就感，但因此得到的反饋還能帶來進一步的學習，所以請主動找出逆耳的建議、主動找願意對你說實話的對象，讓他們幫助你！

屬於你的人生電影，夠精采了嗎？

多年下來的工作經驗，讓我體會到「個性決定命運，心態決定發展」的原則。我遇過太多如寶石璀璨之人，因無法求諸於己、忍受打磨下付出的努力，終究是蒙塵的石頭。至於那些成功的案例，人們習慣將他們歸因於「很幸運」，如此結案似乎過於簡單。

然而，歸因於他人成功只因命運眷顧，自己就不至於難過、嫉妒。然而，那些「成功之人」的成功關鍵，真的很困難，也特別簡單：他們真的很努力，努力到讓他們很幸運。這世界最可怕的事情不是有人比你聰明，而是比你聰明的人比你更加努力。

> 你就是你人生電影的主角，
> 個性決定命運，心態決定發展。

你如何詮釋你所經歷的事件和環境，就決定你的角色及故事。一部好看的電影，鮮少主角一帆風順，這樣的電影沒轉折，而如此的人生也不精采。反之，一部好看的電影，通常都會有不斷的挑戰、懾人的磨難、難得的伯樂，以及持續的冒險。天將降大任與斯人也，是電影精采的元素，人生也因而美麗。

你的人生如果是一部電影，你是那部電影的主角嗎？很多人這輩子，也從未把自己當過主角想像，覺得世界的主角也許是那個校園風雲人物，或是那個在媒體前發光的明星。

但，親愛的，我想告訴你，你，才是你生命中唯一的那個主角！如將生命當作一個立體的時空概念，在這段時間，在這個人世的舞台，你才是你人生大戲的唯一領銜角色。

你想怎麼過自己的人生？你可以為自己選擇這個角色的個性和故事！

如何讓自己成為生命大戲的主角？最簡單的方式，就是先學會以「觀眾」的視角來看自己，用第三人稱與自己對話。當你身在困境之中，不要陷入自卑自艾的情緒裡，學會用第三隻眼睛，用旁觀的角度來看看現在的你，用第三人稱的方式，來看看「這個人」是用主角的心態在為自己做選擇、付出努力嗎？還是「這個人」其實和你不喜歡的那種主角相差不遠，責怪他人並且埋怨環境？如果你真的想當主角，你想如何為「這個角色」創造屬於他的英雄歷程？你想為這個角色編寫什麼樣的故事？

每個人對自己的角色設定都不相同。如果你覺得自己只能是「魯蛇」，你就注定扮演魯蛇的角色，甚至是根本不喜歡自己的魯蛇型人物。

以第三視角、客觀的觀眾眼光來看看現在的你，現在的「這個角色」是何種狀態：是努力還是逃避的？是當責還是愛抱怨的？是與眾不同還是隨波逐流的？是可愛還是可憎的？當你能夠以客觀的第三視角來看自己，對自己將會有前所未見的認識。以第三人稱重新解讀情境，有助於抽離主觀經驗，更能理解經驗、調解情緒，並且激勵自己。

當你認識自己，發現自己不那麼可愛時，也不要洩氣、焦急。這時候，你可以試著創造屬於自己的角色故事。現狀也許真的很糟，但沒關係，這只是角色設定的起點，接下來就能開始思考角色將經歷什麼過程、成為什麼樣子。

只要開始進行為自己的人生設定、有明確的定位，就有機會帶領自己的角色走向更美妙的彼方。

感謝，就是你如何感知這世界

二〇一五年，加州大學進行一項長達十週的研究，將成員分成三組：一組每天記錄感恩的事情，一組紀錄令人憤恨的事情，一組則紀錄流水帳般的日常瑣事。十週之後，腦神經學家發現，第一組「感恩組」遠比其他兩組更樂觀、更正面，擁有更多的活力。

「感恩」值得我們花一些時間來練習，而且可行。

要練習感謝，就問問自己——「你今天過得好嗎？」「你現在感覺怎麼樣？」這是我不時會詢問身邊人們的兩個問題。每次當我提問時，對方往往先是一愣，接著結巴、不知道該說什麼。我最常聽到的答覆是「我不知道」或是「還可以吧」。有許多次，我甚至聽見對方語帶懷疑地答覆「好像很少人問我『感覺』怎麼樣」，甚至「我已經很久不會用『感覺』來形容事情了」等。

「感覺」，是我們應對這個世界的反應。然而，在你學會感謝之前，要先懂得「感覺」為何。能夠對自己正經歷的人事時地物，有所感、有所察、有所知、有所悟。

許多人從小到大被不斷提醒「不要感覺」，早就習慣麻痺真切的感覺。有些人則在原生家庭中學會不抗議、學會忍耐，卻找不到表達自己的語言，在學校則聽從老師指令，不思考自己想要的是什麼。

甚至，人們因為害怕傷害，而讓生命中的恐懼及憂傷潛伏，關上感官便能漸漸遺忘感受，也忘記如何感覺。要讓自己主動地感受事物，因為所有感覺都是對的，所有情緒都是真的，難得且珍貴，所以不要害怕去感覺！

幾年前，當我歷經人生的低潮，覺得眼前一片黑暗，每天都是折磨。我知道自己是我生命的最大問題，但當我知道「我就是那個最大問題」時，令人更加悔恨與痛苦。感謝當時的我，在最黑暗時刻也未曾放棄自己。當時我嘗試各種方法，希望幫助自己度過憂鬱的日子，對我最好的方法之一就是寫感恩日記。

「當你早上起床時，感謝早晨的陽光，感謝你的生命和力量。感謝你的食物和生命的喜悅。如果你找不到任何可以感謝的理由，那麼問題出在你自己身上。」[10]

直到現在，我維持著天天寫下感恩日記的習慣。剛開始，我難以找到值得「感謝」的重點，只見生活的憤怒、委屈及挫敗。然而，我又為自己立下一個規則：一定要寫上十件感恩之事。從「刻意練習」開始，「感恩」可以內化成自然的生活日常。

後來的我，睡了一個好覺就非常知足，因為宇宙給了我很棒的休息時間；另一半起床為我現煮豆漿，我也感到幸福，感覺到被深愛與關照；同事與我分享工作困擾，我也非常感恩，因為被真切地信任，且察知問題便有機會改善；莫名被

10 摘自《The Magic魔法》，作者為朗達・拜恩。

惡意攻擊與網軍誹謗時，也只剩下深深的感恩，感謝攻擊讓我認清「女人迷」的強大影響力與被託付的理想，也謝謝自己在面對考驗時仍學會原諒與憐憫，更感恩身邊所有人們的信任。

學會感謝，就是在狂風暴雨的景致中，見山還是山，見水還是水，因為你的心裡自有自己的寧靜山水。學會感謝，能讓我們的生活預設充滿喜悅、充滿能量，也充滿希望。生活的意義就是要更接近快樂、更接近平靜、更接近喜悅。

如果想要得到這樣的巨大力量，先從學會感謝開始吧！

每天試著寫下十個感謝的練習，建議方向如下：

1. 你所感謝的，可以是具體的對象或抽象的事情，只要「感覺到」，就嘗試寫下！從你的睡眠、健康、呼吸，甚至是你的手機、電腦、收入，甚至是早餐店老闆或是對你微笑的路人。
2. 以電腦或手機app紀錄，若能以筆記本寫下就更完美，讓它成為你專屬的感恩日記。
3. 每隔一星期就往前翻閱先前經歷的感恩之事，再思考這些感謝時刻如今是否還存在於生活之中，並嘗試繼續深化這份感謝。

4 感恩日記最重要的並非是形式，而是持續地累積。請你長期堅持，並至少寫三個月，也最好每天都寫下記錄，而不是「覺得今天有感恩時刻才寫」。

5 有毅力地長期練習，就能訓練「感恩的肌肉」，讓你越來越習慣感恩！有一天，你將擁抱感恩的魔法所帶來的快樂。

生活中仍有許多讓人有感的美事，只要啟動感恩的練習。如果平凡日子還不足以讓你開心，那就重新喚回對生活的有感，從感知那些美好小事開始。

有時候，我會再次翻閱我的感恩日記，你知道嗎？每當我閱讀自己的感恩日記，就會忍不住笑出聲音，立刻感覺到被愛的滿滿感受，身為我自己，我超級幸運。我真的活在屬於自己的理想生活中，而我真的好感謝我如此地幸運！

謝天謝地謝這個世界，也不忘感謝自己

所有的成長，一定都伴隨著突破、克服的過程，而疼痛終將帶來覺醒。被歐普拉作為床頭書的《覺醒的你》[11]裡頭提及，「真正靈性持長與深度個人轉化的必要條件之一，是與痛苦和平共處……真正的成長，發生在你終於決定要處理痛苦時。」

但是，我們如何與痛苦與不舒服和平地相處？對我而言，關鍵在於「向內覺知」與「內在感謝」。

覺知自己的狀態，覺察自己內心深處的恐懼與抗拒，這個時候，不要急著將那些恐懼和抗拒藏起來，不要責怪自己怎麼這麼膽怯這麼無用，而是先停下來，給自己一點感謝。感謝自己願意認認真真的去瞭解自己，感謝自己願意在自己這麼害怕的時候，仍願意承認自己的害怕，願意坦率地瞭解自己的問題，感謝自己嘗試把自己敞開。

光是要承認自己的痛苦，就很不容易。所以，當你發現自己的痛苦及恐懼，此時請給自己一點內在感謝——感謝自己的坦誠與勇敢，感謝自己願意面對痛苦的核心。然後，光是給予自己少許的內在感謝，你就會發現痛苦與不安會開始減少（至少你的內在不會反覆對自己情緒勒索）。

當你聽到內在的負面批評、情緒勒索時，先別害怕。這時候，你可以嘗試給自己一點內在感謝——「謝謝你告訴我自己我不夠好，那從現在起，我就能比上一刻更好，因為我知道了。」當你開始幾次這樣的練習，與這樣的內在覺知與對話，親愛的，你將開始發現，你能夠與痛苦和平相處，你的成長會越來越順利且自然。

每天睡前，給自己一個靜心時間，回顧一整天的投入與努力。無論遇見何種挑戰，給自己滿心的感謝，感謝你為自己帶來特別的一天，感謝自己的存在與所有。因為你確切明白，你願意面對、你願意成長、你願意聆聽、你願意對話。

親愛的，你知道，你真的很了不起。

---

11 《覺醒的你》，作者為麥克．辛格。

請記得謝謝自己，謝謝自己如此可愛，謝謝自己如此堅強，謝謝自己如此脆弱，謝謝自己如此願意傾聽自己，謝謝自己如此勇敢地承認自身的痛苦，請記得謝謝自己。因為，你是所有事情的源頭，謝謝你，謝謝你無與倫比的存在，是你，只有你，成就所有恩典。

練習先說YES，接著再說AND

無論向內或向外探索自己，都有可能遇到挑戰和懷疑的聲音。這些聲音永遠不會消失，我們無法控制，它都可能存在。跟你分享一個方法，當下次聽到無論內在或外在聲音的時候，你可以換一種態度面對它。有聲音出現時，你都能用即興的戲劇方式回應它——「Yes, And.」。

放在即興劇裡，「對！所以呢？／對！可是我可以！／對！而且！」是角色的「肯定與建立」，是劇情的「探索與加強」。然而在真實生活中，當你面對批判的內心聲音時，就聽到、就接受，然後重新以正向視角來解讀它。透過「Yes, And.」，以不同的方式重新解構自我否定的聲音，以自我接受（self-acceptence）、自我疼惜（self-compassion）的方式重新說明一次。

也就是說，當你聽到有一個聲音說「我的腿好粗」，先別著急地否定「不，我必須愛自己的身體，所以我的腿不粗」，然後內在聲音又要你「面對現實吧」，但你可能會責怪自己「怎麼活在被物化的身體陷阱」，甚至埋怨自己「怎麼不夠愛自己」。光是這些反覆糾結的自我批判、自我懷疑、自我譴責、自我排斥，就足以讓人裹足不前，甚至痛苦不已。

讓我們用更正向的方式應對吧！聽到內在批判時，第一時間便欣然接受它，先說「Yes」：「好，我的腿的確是粗了點。」接著，給自己一個即興劇的方式，再說「And」：「但是，我跑步很有力！」這就是嘗試以新的視角解讀，誰說不能為自己帶來新的詮釋？

有很長一段時間，我嚴重懷疑自己的身形及長相，不喜歡照鏡子，覺得自己長得像陽剛的男生（高中的時候還被說長得像伍佰跟許志安）、覺得自己腿很粗（國小時被說是象腿女；大學的時候，我們幾個女生還設立「四壯士」個版呢），也討厭身上的手毛及鬍鬚（國中時曾被說是還沒進化完成的人猿）。對青春期的少女而言，若覺得自己很醜，這真的是比天塌下來還痛苦的折磨。
我內心的不安，讓我不得不開口問媽媽自己漂不漂亮。當時的我，真心希望媽媽確切地說我就是他的漂亮女兒，就算是謊言也好。然而，媽媽當時給我的回覆是：「瑋軒，你不是漂亮的女生，但你很有英氣。你是個有英氣的女生。」
當下我內心有點受傷，媽媽竟也說我不漂亮。然而，突然間我卻似乎得到更多力量（雖然我不漂亮，可是我有其他的特質；雖然我不漂亮，但我是有英氣的女生，這也很難得）。我逐漸不被自己的外貌限制，我甚至真心地喜歡自己。長大後的我才理解，這就是「Yes, And.」的力量。我接受現狀，但是我有能力、也願意給這個現狀「更多可能」。
是的，我承認，我接受現實。在那之外，我發現自己還可以不只是這樣英氣的自己，我同理並憐惜自己，不漂亮又怎樣，我有正義凜然的英氣勃發。這讓我學會以不同的正面態度面對，這樣的樂觀陪伴著我度過青春歲月，我覺得我很不一樣，我如此獨特。
Yes, And.
是的，我們總有些角度不那麼完美，卻也如此美麗而真實，能讓我們的生

命經驗更加豐富。擁有對自己生命歷程的解釋，就會明白自己為何獨一無二。「Yes, And.」讓我有機會認識不一樣的自己，讓我學會更包容自己、喜歡自己。

當你聽到自我否定的、甚至外在懷疑的聲音時，當你對選擇感到猶豫和害怕，試試看用「Yes, And.」的句型與自己對話。「是的，可是我還有＿＿＿＿」、「是的，而且我還可以＿＿＿＿」。承認所有，也接受所有，但是也主動發現並探索其他可能！

不論身處哪種人生狀態，就樂觀地套用這個句型吧！你會慢慢發現，心中那些討厭自己、因為選擇而不安的聲音會越來越小，讓你能在日常的體會中越來越認識自己。

透過練習，你會更清楚自身的優勢，同時也更明白缺點為何。積極讓自己更好的人，總會透過缺點的改善，讓它成為優點的一部分。最後你會明白，其實沒有所謂的「缺點」或「優點」，那些特質都是部分的「你」。只要是部分的你，全都如此美好。當你覺得它是缺點，它就會是缺點；覺得它是優點，就是優點。你對自己的看法，也決定了別人怎麼看待你。優劣之分、積極或消極，終究取決於你的態度，而你的態度，又決定了生活的質感。

這是你的人生，請主動地負起全責

我們都必須為自己的生活負起全責。要負起全責，就必須做到三個關鍵字：主動、選擇、當責。「主動」，是自發地探索自己，不被動地聽從他人的期待和預設；「選擇」，是知道自己永遠有第二條路，人跡罕至的街道或許有更美麗的風景；「當責」，是為自己的決定及行為負責。

為自己的生命負起全責，因為這是你的生命，沒有任何人可以幫你決定，而那是十一歲的我最重要的一堂課。

十一歲那年，同學們推選我代表全班競選自治市市長。當著全班的面，班導對我說：「這個選舉只是讓大家玩一玩，你不可能當選，只有（某班）家長會會長的小孩才會選上，不必浪費時間在這件事上。」我不服氣地舉手，和老師表示想要再試著努力看看，老師很生氣地再次表示「你不可能當選」，並嚴峻聲明絕對不能用他的課堂時間去跑班級宣傳，也不會提供任何幫助。「那根本只是浪費時間，大家不過是做做樣子。」他這樣說。

回家後，我問爸媽為何不加入學校的家長會。

他們不解我為何突然有此疑問，我沮喪地表示，學校老師認為只有家長會會長的小孩才能選得上。那時候的我，以為這就是句點。接著，爸爸卻問我：「如果只有家長會會長的孩子選得上，你還要參選嗎？」我悶悶地說：「當然還是要選啊。」我爸繼續問：「為什麼？」我說：「因為我是要代表全班去選啊。」突然之間，我又說一句賭氣的話。「而且，我不明白為什麼只有家長會會長的小孩能選上？」

當時，爸媽看著我，眼神像是我說出了不起的答案。然後，如咒語般，我聽到我又在內心裡問了自己：「對啊，為什麼只有家長會會長的小孩選得上？」接著，那心裡的聲音告訴我：「不試試，怎麼會知道？更何況，沒選上又怎樣呢？雖然老師說這是不可能的事情，但至少我嘗試過。」

十一歲的懵懂之中，鞭策我前進的是全班同學推舉我的心意。雖然耳裡聽見的是學校的潛規則、老師對我們全班的否定，但改變我一生的轉折，卻是我「學會不聽從」老師的話。當然，我可以相信老師的消極說法，我可以被動地無任何作為，但當爸爸問我「為什麼」時，我則選擇面對挑戰、選擇改變情勢。當時，我對全班同學說，就算失敗了也沒關係，至少我們試過了。

人生，你覺得還有什麼可能？

這個小學自治市市長選舉的故事很長，每一刻，對我都是人生重大關鍵和養成，但在這裡長話短說。

當我決定要認真參選時，種種大環境的限制（我的父母和家長會一點關係也沒有）與自我否定（只有家長會會長的小孩才有機會）不再讓我感到沮喪，我滿心只想著一件事：既然要做，就好好做，要對得起同學們推選我的信任！

擬定政見時，我參考歷屆小市長的政見，都至少有六條，甚至高達二十條，譬如蓋游泳池（歷屆看來最華麗的政見）、營養午餐有漢堡（最受學生歡迎的政見），五花八門、令人眼花撩亂的政見如此精采。

焦慮的我問爸爸該怎麼辦，我想要他給我標準答案，但擁有蘇格拉底大智慧的爸爸卻反問我：「所以，你想要提什麼政見？」

十一歲的我，對於這個問題有點難以招架，他卻追問：「你想要提和大家一樣的政見嗎？」

我立刻回答：「當然不要。」他又繼續問：「為什麼？」（注意到了嗎？「為什麼」的提問充滿神奇的力量），我又說：「那些都不可能啊。」

我媽媽這時候切入話題：「為什麼那些政見都不可能？」我還沒回答，他又問了另一個有神奇力量的問題：「那什麼是可能的？」

最後，我提出了四項政見，從來沒有人選自治市市長只提出四項政見的，而且一開始所有人好像都在懷疑及嘲笑，哪有「小市長」的政見這麼少的？本來就應該越多越好。但是，我仍堅持只提四點政見，因為那是當時的我認真評估後，確定真正可實現的政見。

整個選舉過程中，最重要的關鍵當然是我的父母。他們的提問幫助我思考「我想要成為怎樣的人」，而進一步讓十一歲的我推敲「我希望我是什麼」，進而設想「什麼是不可能的、什麼是有可能的」。直到今天，我仍時時自問「你覺得什麼是可能的？」

故事的最後，我成為當時小學歷年來票數最高的自治市市長，而我也是當時唯一一位政見實踐率百分之百的小學自治市市長。政見的實踐率，是我對這個故事最在意之處，對此的堅持也塑造了我的性格——我是一個重視承諾，以身作則，說到做到的人。

當時，我當然可以聽從老師所說，不做任何嘗試和努力。

但幸運如我，十一歲那年的經歷，讓我有機會為自己的生命負起全責，也讓小小年紀的我明白，沒有誰能定義你只能做什麼，而這個世界就是如此運轉。只有你能決定，只有你能為自己的選擇負責，你的世界由你創造。只要把自己做好，就是最偉大的「與眾不同」。

7

你的選擇
決定了你是誰

我不想因爲害怕失敗
而放棄做那些我眞正在乎的事。

——艾瑪·華森

「為什麼要創業？」

這些年來，我頻繁被問到這個問題。在創業一、兩年後，我才真正理解到「創業」的意義和價值。真正理解後，我也更明白自己走上一條不歸路，發生後便不可能船過水無痕。這條不歸路，也是踏上後若不成功便成仁的一條路。我無法回頭，只能一路前進，道路既險惡且漫長；我不能決定旅程上的陰晴，只能練習自己的平心靜氣。

若真要回答這個問題，我想引述著名女性主義者貝爾．胡克斯（Bell Hooks）的一句話：「我訴諸理論，因為我感到疼痛。作用於我身上的疼痛如此劇烈，讓我舉步維艱。我絕望地走到理論面前，試圖理解，試圖摸索作用於我周遭與我身上的傷。最重要的是，我希望有一天不再疼痛。我在理論裡頭，找到自我療癒的位置。」

我創業，是因為我想要創造多元共融的新頁，我想主動創造我心目中的理想世界。對於女性生活裡的種種限制、對於社會中刻板的性別印象，都讓我感受到劇烈的疼痛。因此，我投入之姿不得不如撲火的飛蛾。在創業過程之中，我不僅找到屬於自己的召喚與意義，也找到自我療癒的位置。

如我在書中反覆提醒，每個人、每一個你，都在創造屬於自己的生命大業。

每個人的一生，都過著屬於自己的旅程，沒有回頭的選項。這條路，我們活過的一天，就是死去的一天，我們快樂或哀傷的此刻，此刻即已消逝。無論你幾歲、背景為何，身處哪個崗位，你都必須正視此生，為自己的生命負起全責。你的每個決定、你的每個選擇、你說的每一句話，都如飛舞的蝴蝶般振動著翅膀，對於你未知的未來，產生蝴蝶效應。

人生可能沒有更重要的事：選對你的另一半

每一天，人生的樣貌及走向，都被無止盡的選擇所影響著，而對的人、另一半、伴侶，無論是哪種說法，幾乎是每個人生命之中最巨大的課題。

有一段時間，我也曾被這個問題困擾著，而身邊的人們反覆給我同樣的說法，「如果會因為你太優秀，就不跟你在一起，那他就不會是對的人。」

我必須誠實地說，這些實話對於說者而言相對容易，但這若是你的真實人生，聽來絕對會讓你異常痛苦，甚至讓人心生放棄之意。當時的我不得不思考，有再多的抱負，真的就能成就人生嗎？

歷經這些懷疑，卻也讓我更能深刻體會人們因愛而產生不安、痛苦的心情。盡情追求更高發展之際，無論心裡多麼清楚此事能讓你深感幸福及自我實現的價值，但身邊如果沒有那個可以分享的人，總會令人懷疑這樣的成果是否值得，甚至心想是否從此以後再也不可能幸福是或猶豫人生或許不必這麼拼，其實不努力也是可以的。甚至，你被打回一開始的起點，關於共享生活點滴的那個人，你害怕是否做錯了選擇。

當我走完這些循環，我感謝自己堅持傾聽自己的聲音，堅持完成自己想做的事。我不放棄對事業的渴望，因為一切都值得。當你更清楚自己的樣貌、想要成為怎樣的人，就會更清楚自己想要、需要什麼樣的另一半。當你更瞭解自己時，就會吸引真正適合的人。

當你無所畏懼，也會有這樣的一個人，無所畏懼地想要靠近你。當你能盡情盡力、竭盡一切地成為你自己時，你會感受到另外一種境界的愛情——那種流動的愛情，能讓兩人在愛裡彼此成長、支持，因對方進步而有無限的喜悅，這樣的愛情只會不斷滋長。關於愛的選擇，你若是做對了，你會更加明白：追求更好的自己，就是讓自己快樂，也同時讓對方感到驕傲。

在追尋進步的過程，不可能不感到孤單，你得先學會耐得住寂寞，耐得住誘惑。有時候，你會覺得竭盡力氣，卻還是徒勞無功；有時候，你會覺得你已犧牲許多時間、許多幸福的機會，怎麼還這麼遠；有時候，你會覺得上天看不到你的良善及努力，為什麼一切都還是如此被百般阻撓；有時候，你不明白快樂為何需要這麼辛苦，是否該賭氣地放棄就好；有時候，你會覺得無奈到該放聲大哭，卻無人理解、依靠，及陪伴。

那些情緒，都是自然的。那些情緒，都會過去的。

親愛的，情緒出現時，就盡情感受吧。感受自己的脆弱與膽小，你才知道你的勇敢多麼強大；感受自己的憤怒與焦躁，你才更明白忍耐與韌性多麼令人安慰；感受自己的賭氣與寂寞，然後更明白沒有什麼能阻止你好好實現自己。

"不要輕易妥協、不要隨意將就。"

沒有人能阻止你，你的父母無法、你的朋友無法、你的另一半無法，會阻止自己的，唯有你自己。當你察知到這點時，便不會再責怪、抱怨身邊的人事物。

不要輕易妥協，你再也不是過往什麼都不敢的女孩，你只會越來越瞭解自己、更明白自己想完成的人生大業，你會感謝一路上他人帶來的援助及阻難，那一切都讓你更接近自己的想望。

對的人，就像在各自的胸腔裡心跳同步

如果一直無法找到好的伴侶，不要將就。你必須想清楚自己真心想要的，而真心想要的，不但無法欺騙自己，也難以欺瞞他人。理想的伴侶，不會將問題歸咎到另一半身上。

若要描述我的理想伴侶，就必須引述經典小說《簡愛》中的一段文字：

與他相處，永遠不知疲倦，他同我相處也是如此，就像我們對搏動在各自的胸腔裡的心跳不會厭倦一樣。結果，我們始終待在一起。對我們來說，在一起既像獨處時一樣自由，又像相聚時一樣歡樂。我想我們整天交談著，相互交談不過是一種聽得見、更活躍的思索罷了。他同我推心置腹，我同他無話不談。我們的性格完全投合，結果彼此心心相印。

在一起，既像獨處一樣的自由，又像相聚一樣的歡樂，我們可以不倦地成天交談，也能無話不談。

當我遇見另一半時，那相識之夜有如電影《愛在黎明破曉時》的情境，我們從晚上七點聊至凌晨三點。於深夜時光，我們散步在台北街頭，對談之間清楚感受到似曾相識的默契、不換的心靈相通。

理想伴侶，就該是彼此的鏡子，能在對方的眼中看見最迷人的自己，卻也能在對方的幫助下，看見能變得更好的成長空間。剛開始在一起時，我的伴侶便讓我明白我該如何優化自己、表達自己的需求，而我也能對他坦率直言。我們向彼此學習、彼此糾錯，盼望能成為自己未曾想過那理想的模樣。

有共識的生活預設值，每個今天只會活得比昨天更好

對我而言，理想伴侶必須有與我相同的「價值觀」、「生活觀」及「金錢觀」。價值觀，是印證彼此生命中的「優先順序」是否一樣，生活觀與金錢觀則是確認彼此在生活方式上有共識。即便在最濃情蜜意之際，也要好好討論這「三觀」，別到結婚後才發現彼此的巨大分歧。

> ”價值觀、生活觀及金錢觀等三觀之中，
> 只要「一觀」相異，
> 就可能讓關係更加挑戰。“

我有一位愛情長跑後結婚的好朋友，婚後才發現與伴侶之間的價值觀與生

活觀相差甚遠。一人認定晚餐「就該回家吃」，另一人則認為晚餐為「個人時間」，以朋友們聚會為首要的排程，兩人的晚餐反而得另行提前預約。在生活的預設值上，兩人都沒錯，每個人都有最適合自己的時間安排方式。但關係中的兩人若無共識，任由一方忍耐、妥協，不真切溝通「共同生活的想像」，這就不會是令人感到幸福的婚姻生活。

當我懷抱著「絕對不結婚」的念頭，準備如此過這一輩子時，卻遇到了我此生的另一半；而他在遇到我之前，也同時抱持著不結婚的心態生活著。然而，當我們相遇時，我曾對他說，我覺得他是我生命中最大的福報。因為我們同時是對方最好的朋友、最親密的愛人，甚至很多時候，我們就是彼此的小孩，他把我當作女兒疼，我把他當兒子寵。我們吵過架、犯過錯，但是我們都明白那只是更瞭解彼此的必要過程，所以我們一起面對，也彼此原諒。

遇到他之前，我常常覺得生死不是什麼大不了的事。遇見他之後，我卻第一次認識那個也會貪生怕死的自己。原來，有這樣一個人，會讓我貪心地想多活一些日子。

理想的伴侶，必定能在對方身上看到他人所看不見的美好亮點。我有一對非常要好的夫妻朋友，他們有不同的專長及興趣，卻總是毫不掩飾地誇讚對方，這在關係之中特別難得，表示他們能持續找到對方的優點，甚至因而感到驚喜。每天都給對方一點肯定，是關係中維持濃情蜜意的關鍵！無論何時，他們眼裡都寫滿對彼此的「崇拜」。這也難怪，他們的日常一天比一天更依戀彼此，一天比一天過得還好。

在正向的婚戀關係中，彼此的對話與成長會是流動的。親愛的，好的另一半，可以讓你一天比一天更好，如果你是好的另一半，你也能讓對方一天比一天更好。

你是你、我是我，獨立卻也成就彼此的「我們」

結婚後，我最常被提問的是「結婚後的生活是什麼樣子」，我總是笑笑地以「比我想像中更好」來答覆。曾經，十六歲的我對著全班同學說：「我絕對不結婚。」從小到大的所見所聞，讓我始終對「婚姻制度」保持著懷疑且批判的態度。從歷史脈絡中的一夫多妻，到現在受宗教影響的一夫一妻制，到近年來好不容易的同性婚姻合法化，對我來說，婚姻作為一種「制度」，就是一種社會文化所建構的假設，而假設的目的中則夾雜了太多權力關係與政治盤算。

雖然戀愛令人感到美好，我卻不是對婚姻有憧憬的女孩。我不曾想像過要穿什麼婚紗、不曾想像婚禮的樣子，我從不覺得結婚應該是女孩從小到大最重要的夢想，或是必要的待辦事項。

但是，親愛的，如果有一天你選擇「結婚」，或是想要與他人維繫長期的穩定關係，那就是生命中非常重要、甚至最重要的事情之一！無論愛情本質多麼瘋狂又盲目，又多麼令人怦然，當你決定穩定下來，最大的前提是「你真的夠瞭解自己了」，以及「你真的夠瞭解對方」。

對我來說，成就美好的伴侶關係，最重要的要素就是「信任」。只要能全然信任彼此，便沒有不能說出口的話、沒有不能解決的問題。

我和先生認識六個月後，他就向我求婚。我們本來打算從簡公證，但在親友的盼望下便安排了小型午宴，一切看似順利發展。然而，在發出午宴通知後，我才突然有了類似「婚前恐懼症」的狀況，不斷懷疑自己是否能接受婚姻制度，而眼前的人是否真是「那個人」。

我真切地相信愛情，卻不相信婚姻制度。我能全然地深愛一個人，但我不確定的是與對方結婚後，我們能否不再被任何其他人所吸引。我知道我重視、需要我的另一半，但是我如何確定這個人在未來所有日子裡，他仍會是那個深深吸引我的人，而我也一直會被他深愛著。這些疑問，在我婚前三個月向我席捲而來。

我的第一個直覺就是我若產生疑惑，或許他就不是「那個人」（這句話，我相信很多人都不陌生），但因為許多事情都已成定局，我覺得我自己無法改變局勢，還特別請我爸爸去扮演黑臉，停止所有正在發生的婚禮事務，要他假裝無法接受女兒快速踏入婚姻。

對我來說，這個故事卻正是踏入婚姻的關鍵。後來，每當我想到這個過程，便永遠感恩、永遠感動。

當時，在預計要攤牌之前，我早和爸爸完成沙盤推演。但是當我坐在另一半車上，看著他的側臉，我知道我不想要「假裝」任何事情，我不想「扮演」，我明白我必須自己直接跟他說。我心裡交戰許久非常緊張，猛不防地，我好像還沒準備好但已經聽到自己的聲音：「如果我現在說我不想結婚了，你會怎麼樣嗎？」

在我心中早已上演小劇場百百種，最可能的版本就是他一旦有生氣、消極的反應，我就順著他的話，大吵一架，「不結婚」就自然是最順水推舟的結論。

但，他的反應超乎我的意料。

他的手仍放在方向盤上，穩穩地繼續往前開，沒有緊急煞車，沒有憤怒及質疑，他轉過頭來看我一眼，緩緩地說：「如果你不想結婚，那就不要結婚，沒有關係。因為結婚本來就是希望你開心，如果這件事不會讓你開心，那不結婚也沒關係。等有一天你想結了，我們再結。」

他講完後，我好久都說不出一句話。

面對情緒平穩的他，我問：「你怎麼不問我原因？你為何不和我吵架？你為何不生氣？」他說：「我希望你開心，而這就是結婚的重點，所以我為何要生你的氣？」我繼續表示，婚事的細節都已定案，也通知了彼此的親戚及好友，突如其來的改動不僅來不及、浪費錢，也可能讓他顏面盡失。他的回應簡短，卻是我需要的回答。「這些事都不重要，最重要的是你想要什麼。」

他語畢的當下，我才有了此生最重要的領悟：他，就是那個人。為什麼？因為我知道無論發生任何事情，我都能毫無畏懼地對他直言。在他面前的我，沒有任何恐懼、不安，他知道我是誰、需要什麼。他比誰都明白，我需要我就是我自己，他也重視我想要的，而我也是如此愛他、支持他。

說真的，你必須有意識地選擇朋友

親愛的，一生的伴侶得要慎重選擇。而你的朋友同樣重要。和什麼樣的朋友相處，你就有可能成為什麼樣的人。我將身邊的人們看得很重要，所以家人、朋友及工作夥伴都是我心中的重中之重。成長的過中，我也曾經歷過朋友的背叛，也有真心的朋友雪中送炭，我知道什麼是酒肉朋友，也見證過什麼叫兩肋插刀。

”朋友，是豐富我們生命經驗的重要存在，所以，當然得選擇要和什麼樣的人相處。“

在我的世界裡，有三種人是我覺得不適合交往的朋友：負面思考者、八卦閒嗑者、自私自利者。

屬於「負面思考」這類的人，通常大多也有後面兩項的八卦、自私特質，這種人凡事都有負面的陰謀及盤算，多與這種人相處只會令人精疲力盡，並影響自己的思考方式。「八卦閒嗑者」則通常缺乏清明和理性的判斷，習慣以訛傳訛，若是和這種人相近就會弱化自己的思維。「自私自利者」的為人處事皆是以自身最大利益為考量，若身邊有這種朋友建議放下為妙，若還有此類朋友，肯定是因為彼此無利益衝突，一旦產生利益衝突，就可能成為頭號敵人。

交友之道，我以孔子的說法為鑑：「益友有三：友直、友諒、友多聞」。「友直」，是朋友能真誠坦率地告訴你，你仍有哪些改善空間；「友諒」，是你的朋友能體諒你的處境，為你設身處地的思考，給你時間與空間；「友多聞」，是朋友為你拓展視野，讓你察知你看不到的事物，幫助你成長。

我很幸運，留在我生命中的都是有這些特質的朋友。在關鍵時刻，朋友們會給我指點、提供幫助，充實我的生命，並給我莫大的快樂。

如果你想擁有這樣的朋友，就讓自己成為這樣的人吧。只要朋友需要時，我一定會在場，而我的朋友也是如此待我。我有摯友在小孩的名字裡嵌了我的名字（因為我很有可能不會有小孩，你說這是否太感人）；有朋友為他心愛的貓放上我的暱稱（對，我有個暱稱是小張寶）；也有朋友每個月和我每個月交換餅乾（收到每月精選餅乾時，真令人感到幸福），也分享彼此生活的美好細節；也有種朋友，什麼都不必解釋，就陪著我做任何事；也有永遠為我著想的朋友，看見我最美好的一面。也有朋友總能幫助我認識自己的軟弱，陪伴我堅強。

你的朋友其實就是你的綜合體，你是怎麼樣的人，就會吸引怎麼樣的人圍繞在身旁。朋友真的很重要，好好選擇，也好好珍惜，也讓自己成為你自己喜愛的樣子。

我的成功，就是學會如何失敗

這些年前，有不同的出版社邀請我寫書，我很感謝大家的肯定。我拒絕了所有邀約，因為他們邀稿的原因多半是因為看到我的成功，但我總是很坦白地說：「這不行，因為我並不成功，我從未成功過。」

最後，我遇到了悅知文化的小花總編和柚均，我發現他們很理解我，才簽下合約。結果合約一簽，我就拖了半年。過程中，我反覆寫了至少三到五本書的分量，因為我發現人生還有仍在學習中的奧祕，而我每天有新的盲點、突破，以及領悟。

直到現在，我才能定下心來，覺得或許參透了自己人生功課之一二，這是一個從小到大就格格不入的人的生命歷程。但到目前為止，我覺得自己最大的成功，就是學會享受及慶祝失敗。這句話說來簡單，但魯鈍如我，花了三十多年，才對這件事有所體悟。二〇一七年的三、四月，是我面對重大考驗的自我懷疑期。從耳聞和目睹網路上各式的霸凌語言，到對外部環境的失望、當時的林奕含自殺事件，我對自己的存在，抱持著絕對的懷疑。

那段時間，是我人生第二次面對生與死的關卡。十六歲的時候是我被迫面對死亡，三十三歲的我，則是全然否認自己活著的價值。我覺得我應該以死謝罪，死亡才足以解除那些莫名其妙的網路霸凌，好像唯有一死，那些誤會及不實謠言才會消散，讓所有事情轉好、讓家人不再有壓力，而團隊成員也會因此感到自由。曾經，我對自己充滿信心，但三十三歲的我自覺一無是處，我覺得這個世界反正本來就不需要我。

然而，也是在那段時間，我重新連結上自己與自己生命的關聯，產生不同的體驗。某種對外在的愧歉感，讓我走不了自殺這一途（因為我想不到任何自殺卻不影響別人的方法），我無法實踐這件事。在那好幾個月非常負面的狀態中，我仍試圖透過各種方法拯救自己。

信仰當然給我很大的力量。在那段時間，我學習「冥想」（mediation）與「靜心」（mindfulness）。冥想和靜心開啟我的神祕經驗，幾次經驗中，我確實感受到光、感受被原諒充滿，而這些經驗開啟了我的臣服之路。並非每個人都喜歡冥想和靜心的方法，也不是人人適用，所以這裡我想強調的是，是每個人都能做到的正向改變：面對失敗，就承認自己的失敗吧。

> 失敗與痛苦並不可恥，但重點是我們如何調整自己的心境，保持平常心，看向想抵達的遠方，把每一個今天過好。

最大的痛苦來源，往往出於發現自己的失敗，卻無能為力。正因為覺得自己「應該要」成功，才會產生莫大痛苦。因此，面對失敗的無能為力，卻又會加劇這般痛苦。正因為希望被愛，所以不被愛也讓我痛苦。所有痛苦，都是來自於我自己的「我應該」。如果感到痛苦，你可以跳脫當下的情緒，思考痛苦是否都來自「我應該」。

當時，我為自己擬定MVP的信心培養計畫，透過十分鐘的打掃練習，為自己建立少許的「貢獻」感。更重要的是，對自己坦白地承認吧，「親愛的張瑋軒，你失敗了。這沒什麼，你不過就是失敗了。但是，至少你知道你失敗了。」這個聲音說。

我承認我的失敗。在全公司的會議上，我坦誠說出我們的失敗。許多事不如我和大家的預期，我請全團隊坦誠說出所有覺得哪些事情我們做的很好，哪些事情我們做的不夠好，哪些我們要開始做讓大家覺得好的事情。大至公司、各部門，小至個人的工作原則，全部進行仔細的盤點。夥伴們一同設立改善的時間範圍，以一個月、一季為目標，改善上百個項目。

當時，我看著上百項「問題」時，我發現內心的聲音正笑笑地嘲弄自己說：「你還真是失敗啊」。

注意到了嗎？那個聲音帶著笑意。

那一刻我發現，至少問題能被發現，而我知道那個失敗是什麼了！接著，當我「知道」那個失敗是什麼的時候，我也明白明天肯定會更好。學會失敗後，你會明白沒有什麼事是真正的失敗。只要讓今天比昨天更好一點，每一天都走在成功之路上。禍兮福所倚，福兮禍所依，學會失敗，就是在禍中學會有福之處。成功非福，失敗非禍，是福或是禍，最終都來自你怎麼面對怎麼生活。

當我學會失敗，我學會的不只是「失敗」這件事。我學會真誠地面對軟弱，我學會坦率地承認自己的渴望，我學會接受自己的脆弱。真正地接受一切，接受自己會恐懼、接受自己會想逃走、接受自己還有不足之處。當我學會失敗時，我也學會一天一天踏實地讓自己走向成功。成功需要機會、努力，更需要運氣，但至少我確實地讓自己每天比昨天更好，知道自己正走向想要到達的遠方。

開始「練習失敗」時，你要直視內心所有害怕與隱晦，清楚感受心上的感覺。就像身處一片濃霧中，你原本不知道一路上會遇見什麼，忐忑以對，但在大霧散去後，便能清楚看見路上景致，內心不再害怕，因為「未知」遠比「已知」更令人不安。

誠實地面對自己，不只是找到自己的最喜歡，更要去面對自己最深的恐懼，最幽微的黑暗，最不為人知的心思、最巨大的創傷，及最隱晦的祕密。瞭解自己的光明很重要，那會幫助你面對挑戰時還能充滿希望，但當你瞭解自己的黑暗，那更讓你冷靜、專注，幫助你在無垠黑暗中，鼓起勇氣機會走上光明的道路。

為自己及代表的一切贏得尊敬

「我什麼都願意試，我不怕的。」二〇一八年，我受邀出席美國國務院的全球領袖參訪計畫，國務院領隊代表Noella當時對我說了這一句話。

Noella是我遇過最有意思的女性之一。大學時，他離開上海去法國就讀法律及國際關係，後來在聯合國兒童基金會工作，在非洲最窮苦、最戰亂的地方生活多年，最後落腳於紐約，在最好的地段買了屬於自己的房子，上海、巴黎也同時是他的故鄉。以藝術投資為興趣的他，不久前還獲得法國總統馬克宏頒發最高榮譽的「騎士勳章」。

參訪計畫中，我們日夜相處長達三個星期。在他身上，我看到亞洲人少有的「無懼」性格，有如影集《慾望城市》走出來的莎曼莎，從衣著打扮到發言舉止，都有非凡的存在感。

他總能以最堅定的態度表達態度與立場，大聲說出自己是誰，自身的經歷、此時的看法。如果不同意對方的言論時，他也不怕說出不同意的原因。如果不理解，他就會持續發問，直到事情釐清的那一刻。他身上所散發出的力量，就來自於「為自己發聲」。

有一天晚餐時刻，我問：「你一直都是這樣的嗎？」他笑笑地說：「去了巴黎和紐約之後吧。在國內什麼都被照顧得好好的，哪需要什麼為自己發聲」，「但是出國之後，沒有人會管你背後有什麼，你只能自己earn the respect！」

「贏得尊敬」，像是要加強語氣似的，他又重複說了一次。他說，在紐約這樣全世界有最多才華及野心齊聚之處，每個人都拼了命要在此占上一席之地，他必須儘早把握每次的機會，好讓自己被看見，也永遠保持最好的樣子。要贏得別人的尊敬，除了自己要有準備好的底氣，你也必須要把握每次機會，為自己發聲、被看見。

「哪有時間害怕？我每天要贏得尊敬都來不及了。」他慧黠地看著我，眼睛裡帶著笑。

當他說「每一天」的時候，真的是指「每一天」！

他年歲已過半百，但在美國這三週，無論行程多瘋狂，無論是否在一天內各州轉機了五次、不管是早晨六點或是晚上十二點的行程，他的樣子總是精神奕奕，打扮得宜。不論是在正式會議中遇見國務院高官，或是於小餐酒館向服務生點餐，認識或不認識，他正視每位對應交談的人，以大無畏又坦蕩蕩的性格。只要他看見了，都會給予對方真誠的問候和最直接的讚美。

我看著他的「每一天」都是這麼認真地完成他的工作，甚至當他在工作的時候，我都能感覺到他不只是在工作，更是在活出他精采的一天！我看著他，感佩著，我也重新地在每一天裡，觀察自己內在的深刻改變。

每一天，我對自己的想像都比昨天更多一些，腦袋中的小劇場和內向者性格逐漸縮小。就是因為感覺到自己肩負的責任，我每天都希望能有足夠的格局來代表我的土地和公司。我希望我能盡一己之力，為我所代表的一切贏得尊敬。

我學會重視「每一天」的自己，重視自己的每個會議，重視每位遇見的人。無論旅程的時差或舟車勞頓，無論遇到的人有趣無趣，我一定保持著自己的精神奕奕和全神貫注。

從美國憲政議題到NGO經驗分享，從市政科技與市民社群經營，到美國原住民的自建社區和真人圖書館，從主題博物館到婦女庇護所，有些主題是我的專業，我則慷慨地分享，有些題目是我不熟悉的，我也藉由此機會認真傾聽、虛心請教、真情交流。那三個星期，我很少想到我會不會害怕，我是不是孤單，英文是不是我的障礙，人生地不熟，我想的是我如何做得更多，我想著的不是得到，而是奉獻。

旅途的最後的一天，Noella對我說：「我本來不覺得『性別』和『女性』議題有什麼特殊性，因為我覺得成就應該和『性別』無關。但是，透過你的分享，我發現『女人』確實還有許多要聯合起來討論及改變的事。」

他又說：「你真的太棒了，台灣有像你這樣的人，應該要多讓你往外走。」要贏得一個紐約人的尊敬太不容易了！但是，從他關注的眼神，我知道我代表的土地和關心的議題，已得到這位上海女人的尊敬！

現在，他也開始積極為女力發聲，說出自己真實的女性經歷故事。

你能為自己贏得尊敬嗎？你能創造改變嗎？你能為自己代表的家庭、公司、國家，贏得尊敬嗎？如果你對自己有這樣的期許，首先要做的，是重視你遇見的每個人，尊敬你正在做的每件事，珍視自己的每一天。一旦學會尊敬自己，臣服於所有你相遇的人事物，全心實踐且奉獻，你就會逐漸發現「小我」不見了，你能越活越氣派，全然地活出「大我」。

無所畏懼，就擁有真正的自由

我身邊許多朋友正經歷工作、生產、育兒的階段，三十二至三十九歲是女性在職場發展的衰退期，許多人會因家庭而少了工作機會，或因照顧孩子而失去重返職場的機會及動力。

關於女性的婚育壓力，很多女性領導人都能感同身受。先前，有位科技公司主管曾向我坦承他遇到的兩難。身為女性的他有機會擔任主管時，他會為女性工作者爭取、安排更多機會給女性部屬。然而，兩年後，他發現加上他共四人的團隊，一人請產假，一人請育嬰假。一開始，他覺得沒問題，他想成為令人無後顧之憂的好主管；但是，其中一位休完產假結束後，選擇違背原本的共識，繼續請最長的育嬰假，並長假結束後便直接提離職。整個期間，基於信任部屬會歸隊的承諾，他一直沒有招募新人。對此，他有些難過、有些氣憤，甚至說出：「我很難過我會這麼說，但我以後可能會減少雇用女性員工。」

這件事為我帶來極大震撼。許多女性選擇離開職場、照顧家庭後，再也找不到重返職場的機會；但也有許多人以占盡公司便宜的心態來領取福利資源。我可以想像，那位主管往後可能會「斟酌」提供給女性工作者的機會。因此，個人的選擇即是政治，我們每個人都代表著時代的縮影，也都是可能扭轉時代的方向。每一個我們所代表的機會與未來，遠比你想像的更具體、更有影響力。

期待能在職場發展的女性們，也請不要犧牲家庭生活的進程和重心。然而，在復職之路上，應該和曾經栽培你的企業及老闆好好溝通，誠實面對，才能讓彼此有對話的機會。此外，我也期待更多單位能提供機會給曾因家庭離開職場的女性。母親的能耐無窮，甚至擁有更高的抗壓性及時間管理能力。只有誠實的溝通管道，才能讓職場友善不只是口號，而是實踐的原則。

當我第一次赴某投資人邀約，地點在一〇一大樓八十五樓的高級餐廳，我立刻和創業圈的朋友確認這是否不合理，他第一時間的反應是「幹！當女生真好，可以去吃大餐！我們都沒有。」一面對如此反應，我的感覺卻是非常孤立無援。我並不需要別人帶我吃大餐，我只想要他人理解我的專業能力，而不是身處一個覬覦我身體且充滿威脅的環境。

為了替公司找到營運資金。我拜訪過許多投資人，曾經遇過有人約我在飯店咖啡廳，我緊張又期待的說明我們的創業構想與行動計畫，我一說完，他回覆：「你很棒，我覺得這一定大有可為。」下一句又說：「你想要到樓上我們『繼續』談嗎？」我愣了一下，我問：「繼續談很好，不能在這裡嗎？」對方笑著說：「我們要深入談數字的問題，在房間裡面比較好。」

這時候的你，會怎麼選擇？你選擇上樓，還是選擇離開？

我說沒關係，我可以在這裡繼續聊、不用上樓。但他表情一變，用意味深長的眼神看著我說：「你知不知道我是誰？你知不知道大家都說你很難搞？」而我轉身就離開。之後沒多久，「大人的圈子」裡開始有一些關於我的說法傳開，說這個女生「不好相處」、「不懂事」，甚至有人以封殺我的各項資金來源作為要脅。

這樣的故事還不只一個，而且真的太多太多了。但當我曾經試圖想要和誰說出這些事，大家的下一句通常都是「你是不是不夠專業？」「你是不是給了別人錯誤的印象？」「你為什麼要去那裡？」「你穿了什麼衣服去？」甚至，他們批評我不夠聰明，不知道如何優雅地應對這些事情！

為什麼我要創業？為什麼面臨許多辛苦與齷齪之事，我還想要繼續堅持下去？因為我不希望有更多女孩、男孩這麼全力以赴地為會議拼命，卻只得到「你知道我是誰嗎？」的回應。明明盼望在專業上有所突破，卻被迫需要用各種其他來交換。親愛的，你知道嗎？理想中的安全專業環境，各行各業中其實都還不存在。在世界變好之前，你一定要學會保護自己，如果事情變得不對勁之前先轉身離開，不需理會或相信那種「你知道我是誰嗎」的提問。

你只需要知道你是誰。

親愛的，請記得你已完成許多重要之事

我花了很長一段時間，甚至超過三十年，才真正地喜歡上自己。三十多歲的自己才能坦然地承認自己的可愛，才學會面對自己的軟弱，坦承自己的失敗，坦白自己的脆弱，透過自己對自己和生命的信心往前走。

很長一段時間，我不是盲目地追求，就是過分地自卑。我最大的恐懼就是害怕自己做得不夠，那樣的不足並非謙虛，而是信心的匱乏。當人們內心匱乏之際，就只能依靠外在成就得到肯定。然而，當信心只能仰賴外部給予，就會長期處於不安與忐忑之中，活得如乞丐般窮困，那乞求的並非金錢物質，而是外在的讚賞及肯定。

沒有人不希望成功，我也當然希望獲得成就。然而，當我長期活在他人的期待中，就不會有一刻覺得自己真正成功了，因為每次獲得階段性的掌聲時，我知道這不過是單次的鼓勵，而我仍期待下一次的成就。終日揣揣不安，我就永遠覺得自己不夠。我渴望自己特殊而獨特，但每次發現自己的平凡時卻大受打擊，而每次感受到自己沒那麼特別的當下，就會再多否定自己一點。很長一段時間，只要外在世界對我有所期待或誤解，回應不如我所預期，我就會感到難過、委屈，甚至憤怒。

有一天，我的教練、摯友Philip問我一句話：「你真正沒做好的事情，你知道是什麼嗎？」我說：「是什麼？反正我的存在就是錯誤。」我每次遇到困難的問題，都會忍不住想要自暴自棄地歸因於此，他說：「你唯一真正沒做好的事情，只有一個，就是你從來不給自己肯定。」

我聽著他說的話，久久不能回答，開始責怪自己。當我畢生志業都希望每個人能學會瞭解自己、肯定自己，活出自己時，怎麼我就辦不到呢？他看著沉默的我，也看出了我的自責，於是對我說：「先想想自己已完成了什麼。」

「你已經完成很多了。」他一說完，我立刻淚流滿面。

很多時候，我對待自己極為嚴厲，也嚴謹地管理團隊。我總擔心我們不夠強、我們速度不夠快，我們做得不夠多。現在的我終於明白，想做好一件事情，不一定只有嚴厲才能成事。其實我們已經完成很多，其實可以給自己和團隊更多的鼓勵和肯定。

我們要讓自己活在愛裡，而不是活在恐懼裡。

所以親愛的，無論你是誰，我希望當你讀到此，你會聽見我想對你說的話：你已經完成很多了，你很好，你很重要。

創造理性改變，人人有同等機會

無所畏懼，是對自己想實現的事充滿信心與渴望。無所畏懼，是更多女性尋得自己的人生志業，更多媽媽無縫接軌地重回職場，而不因專職母親的身分而感到膽怯。更多女性不必擔心升遷及薪水漲幅是否有均等機會，更多女人不再被性暴力威脅，更多女人不必害怕曾受性暴力的對待並揪出惡人。更多女人可以坦蕩蕩地面試，不必害怕回簽是否有結婚或生育計畫而影響求職結果。更多女人不需要擔心自己三十五歲前是否單身，更多女人不需要面對「沒人要」、「是你太挑」，甚至「女生不需要這麼優秀」的話語結構。

無所畏懼，也屬於男人。是更多男人不需要維持家計的唯一角色，更多男人可以大方承認失戀的痛苦，不必擔心流淚等同示弱。更多男人能驕傲地成為家庭照顧者而不感尷尬。更多男人明白約會不該就由男人買單，更多男人確信男人的價值不全然由財經地位決定。更多男人不必覺得凡事忍耐就是真男人。

”面對人生，無論男女，只有一件事情是真正的平等：每個人都一樣，只有一次機會——活出屬於自己的人生。“

當女性覺得我們必須打破社會對女性的限制與期待，我覺得我們也必須正視並打破社會對男性的限制與期待。

這樣的世代，需要我們站在一起，抵抗幾千年來的習以為常。

我們必須極為理性、極為聰明，極為冷靜地拆解暗藏甚至隱形的性別迫害。小心自己的語言，小心自己的習慣。我們要相信，絕對會更好。這不一定是最好的時代，也不會是最壞的時代。然而，這絕對是「我們」的時代，如果你希望這個時代更好，今天開始，我們一起創造改變。

真正的自由，是無所畏懼。

做自己，是唯一選擇

我非常喜歡編劇葛拉罕·摩爾的奧斯卡得獎感言：「當我十六歲的時候，我曾經試圖自殺。因為我覺得我非常奇怪，我很格格不入，我覺得我毫無歸屬。但今天，我站在這裡，我想要把這個時刻獻給覺得自己格格不入的小孩。是的，你很不一樣，你與眾不同，但當時間到了，當你站在你發光的舞台上的時候，請你分享這個訊息給下一個人。」

如果你曾自覺格格不入，如果你曾感到孤單無援，如果你發現你和其他人不一樣，親愛的，請持續堅強，請保持信念，請願意堅持，許多像你一樣「格格不入」的人，都曾走過這條路。如果可以，我希望能夠在此隔空給你一個深深的擁抱，請你不要放棄，不要放棄成為自己。

做自己，就是你的唯一選擇。無論世界多麼血腥殘酷，無論世界多麼黑暗險惡，如果你選擇成為光，你就會散發光芒。無論這個世界多麼想同化你，做自己就能與眾不同，做自己能讓你心滿意足，真正地活著，因為你是為自己而活，而不是為別人而活。

親愛的，愛是這世界最強大的力量，好好愛自己。

你的所有格格不入，就是你的與眾不同。

— 作者後記 —

謝謝所有、所有經歷過的，謝謝你

我在從事一項前無古人、後無來者的事業。
我要把一個人的真實面目，全部地展示在世人面前，此人就是我。
只有我能這樣做，我洞悉自己，也瞭解他人，
我生來就有別於我所見過的任何一個人。
我敢擔保，自己與現在的任何人都不一樣。
如果說我不比別人強，但我至少與眾不同。

——盧梭《懺悔錄》

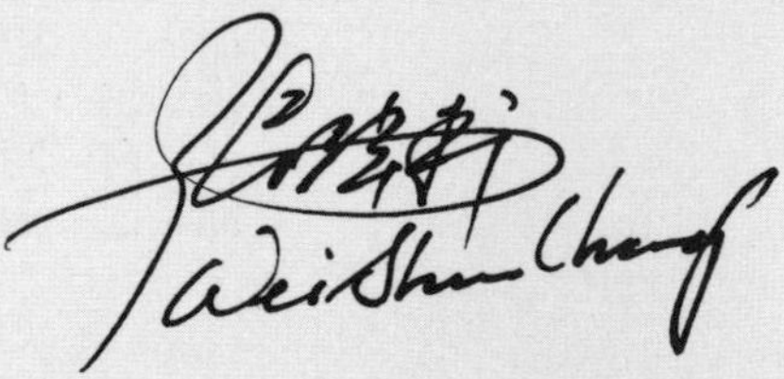

到了這本書的最後，想先謝謝你讀到這裡。這本書讀起來並不容易。

這本書最重要的寫作原則，就是「真誠坦率」了。盡我所能，將一切屬於我的真實都攤開來，誠實地讓你看見屬於我生命中許多個幽暗角落。但是，也正因為走過那些幽暗，我更明白光、信仰、與堅持的珍貴。我從來不覺得「喜歡自己」很簡單，我也從來不覺得「成為自己」是與生俱來的能力，成為自己需要時間、需要探索、需要誠實面對、需要創造與實驗，需要當你與他人不一樣的時候，學會勇敢、臣服、超越與實現。

喬治．歐威爾在《1984》裡寫著：「在謊言遍地的時代，講真話，就是革命的行動。」在寫這本書的過程，我自己經歷到假新聞、網軍霸凌、Covid-19疫情重創的世界遽變，企業組織正面臨最困難、卻也最有趣的階段。我一邊書寫，也一邊體會到我內心世界，以及外在世界的變化。

當我一有新的頓悟或感受，就會與編輯柚均反覆討論、對話，過程中修訂成了數個版本。或許，仍有許多未竟之處，但期待在所有的當下，能給你真切的誠意，我是什麼樣的人，就會寫下什麼樣的文字。

在每個書寫時刻，都是為你奉獻當下最為完整的我。

這本書最重要的核心，並非我的故事，而是這些「經過」。這本書想要談論的，也並非是如何成為更好的自己，而是如何好好地成為你自己。每個人都有屬於自己的故事，每個人都是如此獨一無二，我希望你知道，你真的只要成為自己就足夠了。

其實，尚有許多想要討論的事，但礙於篇幅無法收錄在這本書裡，包括更多複雜的原生與新家庭關係、人際關係與交往、生育、教養、婚姻關係，以及職場瓶頸與發展等。人生很長，篇幅有限，但是在這本書，我先嘗試將人們可能最困惑、最需要解答之事寫下，尤其是自我懷疑的心情，與絕望的時刻。

我期待，自己確實將那些時刻真實刻畫，陪伴曾有那些經驗的每個你。希望這本書能讓你明白，你真的並不孤單。

在這一本書之中，我談及較少的商業層面，但是追根究柢，所有一切都關於「你想要成為怎麼樣的人」。無論在哪一家幸福企業工作，許多人仍舊會抱怨公司，很多人只會羨慕、嫉妒別人，甚至埋怨外在環境的種種限制，但少有人追究自身的責任。如果工作讓你不快樂、婚姻關係讓你也不幸福，你一定要花時間來自問到底想要的是什麼。因為所有的問題及解答都只與你有關，你是什麼樣子，你就會成就什麼樣貌的未來。

我很感謝出版社，讓我在書中保留討論性別的一大篇章，特別是性別與科技的關係。我期待自己能將「性別」講得簡單，也講得有趣。即使「性別」是我的研究專業，但對我來說更關鍵的事，是讓「多元共融」的視角融入日常生活中。

在這本書中，我期許自己能讓更多人開始具體想像「性別」，這件事與每個人都息息相關。這本書必定有不夠深入與未盡之處，希望讀者也能再參閱台灣其他寫得很好的性別專家與媒體們。

當我為你寫下這些誠實的故事時，就只是希望你明白，無論你是誰，無論你正經歷了什麼，只要你願意，你一定可以實現你想望的自己。這世上，仍有許多孩子承受著不被理解的痛苦，我也明白無以說出心聲的委屈，我也知道那仍想要繼續堅持的孤獨。但是，「做自己」，本來就是這世界上最困難的事情之一。但是，若從小自知格格不入的我，仍能好好地長成一個自己喜歡的大人，那你一定也可以，沒有什麼過不去。

目前我的生命經驗，仍有許多未完成之事。我從未有一天覺得自己完滿成功，但現在的我卻能深刻感受到實現的幸福，這種每天醒來就被「希望」充滿的蓬勃朝氣。現在每一天的日常，就是要忘記昨天、活在今天，並積極創造我們渴望的明天！

我非常感謝我的另一半，默默地在我身後，成就我的義無反顧。當他越是瞭解我與我身邊的一切和經歷，他越是頻繁問我：「你怎麼能夠長成現在的這個樣子呢？」過去的三十幾年，我其實有許多走偏的機會，可以讓自己活得憤世嫉俗，也絕對能合理地自暴自棄、怨天尤人，也曾有無數機會能活得有權有財、媚俗成功。但是，我終究還是讓自己活成現在這個樣子，而我很喜歡這個自己。盡力愛著所有愛著的，盡力實現所有承諾的，把自己活得慷慨、氣派、慈悲，又充滿希望。

我衷心感謝，感謝生命中那些愛我的及我愛的，所有的貴人與老師們、團隊夥伴、朋友、同學、家人，及我見過或未曾見面的讀者們。謝謝你。因為有你，有這些珍視的人們，我才能繼續地勇敢與堅持。所有人對我說的每句話，都清楚印刻在我腦海中，我可以隨時回到那一刻，看見那些信任、那些心疼、那些鼓勵，以及深深地期許與愛。

感謝所有我遇過的低谷和所有經歷，燒不死的鳥會成為鳳凰，沒有這些考驗，其實我也無法深刻地體會，原來我真的能在無數困難選擇之中，一步一步地堅持選擇，成為現在這樣的自己。原來，我有足夠的信心及寬容，去憐憫和原諒。正是因為經歷過這些試煉，讓我更清楚我是什麼樣的人。

我喜歡每天醒來都感受到希望、改變的勇氣。我喜歡每一天都以閃閃發亮的眼睛，認真地與人們相遇，然後真誠地與大家對話。我喜歡被身邊那些有見解又善良的朋友們圍繞。我喜歡與家人們笨拙卻好有愛地靠近彼此。我喜歡被另一半當成小孩寵愛，而我也如此愛他！我好喜歡每天都能投入有意義的工作之中，因為這個工作的本質是深刻的愛與期盼，況且這份工作能支持並陪伴人們成長！我好喜歡自己生活在時間之中，隨著四季節氣養生運氣，跟著自然一起呼吸！我好喜歡有人對我說他需要我的一個擁抱，相信我的擁抱能給他一點勇氣！我好喜歡能夠真誠坦率地寫下所有經驗及感受，而我也相信你定感受到我非常巨大的一顆真心。

我很喜歡現在的自己，謝謝你閱讀到這裡，我也好喜歡你。希望這本書能給你滿滿滿的愛，讓我們一起活在愛裡，而非活在恐懼裡。

親愛的，你覺得自己格格不入嗎？那只是一種與眾不同。與眾不同並不容易，但記得，你有我陪你。

親愛的，別害怕與眾不同

DARE TO BE DIFFERENT

作　　者 | 張瑋軒
發 行 人 | 林隆奮 Frank Lin
社　　長 | 蘇國林 Green Su

出版團隊
總 編 輯 | 葉怡慧 Carol Yeh
企劃編輯 | 陳柚均 Eugenia Chen
責任行銷 | 朱韻淑 Vina Ju
封面裝幀 | 木木 Lin
封面攝影 | 余惟（惟惟影像制作）
封面造型 | Sunner Hsiao、Vic Chen
書名手寫 | Nihow旎好
內頁排版 | 黃靖芳 Jing Huang

行銷統籌
業務處長 | 吳宗庭 Tim Wu
業務主任 | 蘇倍生 Benson Su
業務專員 | 鍾依娟 Irina Chung
業務秘書 | 陳曉琪 Angel Chen・莊皓雯 Gia Chuang

發行公司 | 悅知文化　精誠資訊股份有限公司
105台北市松山區復興北路99號12樓
訂購專線 | (02) 2719-8811
訂購傳真 | (02) 2719-7980
專屬網址 | http://www.delightpress.com.tw
悅知客服 | cs@delightpress.com.tw
ISBN：978-986-510-077-3
建議售價 | 新台幣380元　　首版一刷 | 2020年07月

國家圖書館出版品預行編目資料

親愛的，別害怕與眾不同 / 張瑋軒著 -- 初版. -- 臺北市 : 精誠資訊, 2020.07
面； 公分
ISBN 978-986-510-077-3 (平裝)
1.女性 2.自我實現 3.生活指導

177.2　　109007510

建議分類 | 心理勵志

Delight Press 悅知文化

線上讀者問卷

閱讀時眼睛舒服嗎？拿久了會覺得手痠嗎？
茫茫書海中，你能與這本書相遇，絕非偶然。
想知道你喜歡哪些內容？
小小聲問，喜歡這本書的包裝與封面設計嗎？(我們很喜歡)

悅知夥伴們有好多個為什麼，
想請購買這本書的您來解答，
以提供我們關於閱讀的寶貴建議。

請拿出手機掃描以下 QRcode
或輸入以下網址，即可連結至本書讀者問卷

https://bit.ly/37lXNaB

填寫完成後，按下「提交」送出表單，
我們就會收到您所填寫的內容，
謝謝撥空分享，
期待在下本書與您相遇。

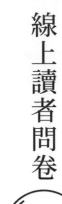